Anne Katrin Matyssek

Chefsache: Gesundes Team – gesunde Bilanz

Ein Leitfaden zu gesundheitsgerechten Mitarbeiterführung

Universum UV

BIBLIOTHEK **ARBEIT UND GESUNDHEIT**

Anne Katrin Matyssek
Chefsache: Gesundes Team – gesunde Bilanz
Ein Leitfaden zu gesundheitsgerechten Mitarbeiterführung

Universum Verlagsanstalt GmbH KG
65175 Wiesbaden
Internet: www.universum.de
E-mail: uv@universum.de
Redaktion: Miriam Sochatzy, Wiesbaden
Illustrationen: Thomas Plassmann
Titelgestaltung: Cicero, Wiesbaden
Innengestaltung und Satz: die Basis, Wiesbaden
Herstellung: Harald Koch, Wiesbaden
Druck: Kösel Buch GmbH & Co. KG, Kempten

Dieses Werk einschließlich aller seiner Teile ist urheberrechtlich geschützt.
Jede Verwendung außerhalb der engen Grenzen des Urheberrechtsgesetzes
ist ohne Zustimmung des Verlags unzulässig und strafbar.
Das gilt insbesondere für Vervielfältigungen, Übersetzungen, Mikroverfilmungen
sowie die Einspeicherung und Verarbeitung in elektonischen Systemen.

© by Universum Verlagsanstalt
Wiesbaden 2003

ISBN 3-89869-094-6

Inhalt

9	**Wiederentdeckung der Menschlichkeit**	
	Einführung	1
13	**Mein Chef macht mich krank!**	
	Zusammenhänge zwischen Führung und Gesundheit	2
33	**Meine Mitarbeiter sollen arbeiten!**	
	Wettbewerbsvorteil Wohlbefinden	3
47	**Dieser permanente Stress – ich kann nicht mehr!**	
	Psychische Befindensbeeinträchtigungen bei der Arbeit	4
59	**Das geht doch eh' wieder schief!**	
	Das depressive Unternehmen	5
67	**Ein ganzer Mann!**	
	Die Einsamkeit des Vorgesetzten	6
77	**Vor-(die Nase-)Gesetzter oder Führungskraft?**	
	Care-Culture statt Führungstechnik	7
89	**Es gibt nichts Gutes, außer man tut es!**	
	Führungshandeln für ein gesundes Miteinander	8
109	**Wenn der Schuh drückt ...**	
	Umgang mit bereits belasteten Mitarbeitern	9
119	**Mut zum gesunden Egoismus!**	
	Self Care für Führungskräfte	10
127	**Gesundes Team – gesunde Bilanz**	
	Gelebte Care-Culture	11

151 Checklisten und Leitlinien

I. Selbstmanagement

152 Selbstcheck: »Praktiziere ich einen gesundheitlichen Führungsstil?«
155 Leitlinie für Führungskräfte, (und andere Mutige), die sich verändern wollen
156 Selbstcheck: »Führungsverhalten unter Stress«
158 Leitlinie: »Tipps zur Stressbewältigung«
159 Tipps zum Umgang mit Zielkonflikten
160 Leitlinie: »Wege aus der Einsamkeit des Vorgesetzten«
161 Selbsttest zur Übereinstimmung von Mitarbeiter- und Selbstbild
162 Leitlinie: »Was Sie tun können, um ihre Einstellung zu ändern«
163 Selbstcheck: »Fragen im Gespräch«
163 Checkliste: »Grenzen der Führungskraft«
164 Checkliste: »Abschalten/Umschalten«
165 Checkliste: »Schlafhygiene«
166 Leitlinie: »Self Care für Führungskräfte«

II. Gesundheitsgerechte Mitarbeiterführung

168 Checkliste: »Tipps für schwierige Zeiten«
169 Leitlinie: »Wohlbefinden fördern«
169 Leitlinie: »Arbeit ganzheitlich gestalten«
170 Checkliste: »Unternehmens-Depressions-Index« (UDI)
172 Leitlinie: »Interesse am Mitarbeiter zeigen«
172 Leitlinie: »Anerkennung geben«
174 Checkliste: »Richtig kritisieren«
175 Leitlinie: »Belastungen abbauen/Ressourcen fördern«
176 Leitlinie: »Für ein gutes Betriebsklima sorgen«
176 Leitlinie: »Mobbing-Prävention«
177 Leitlinie: »Für Klarheit sorgen«
178 Leitlinie: »Konstruktive Gesprächsführung«

179 Checkliste: »Veränderungen/Auffälligkeiten bei Mitarbeitern«
180 Leitlinie: »Gespräch mit dem belasteten Mitarbeiter«
185 Checkliste: »Beratungs- und Anlaufstellen für belastete Mitarbeiter«

186 **III. Care Cards**

187 Zum Nach- und Weiterlesen
187 Literaturverzeichnis
191 Zum Schmökern und Vertiefen: Bücher-Tipps

Wiederentdeckung der Menschlichkeit 1

Einführung

Falsches Führungsverhalten kann Mitarbeiter krank machen. Führungskräfte sind aber auch selbst erhöhten gesundheitlichen Risiken ausgesetzt. So weit die schlechten Nachrichten. Die gute: Chefs können ganz leicht für mehr Wohlbefinden am Arbeitsplatz sorgen. Wie, darum geht es in diesem Buch.

In den letzten Jahren ist – nicht zuletzt aufgrund der wachsenden Stress- und Mobbing-Problematik – eine steigende Nachfrage nach Ratschlägen für ein gesundes Miteinander im Betrieb zu verzeichnen. »Bei diesem sozialen Arbeitsschutz« kommt den Führungskräften eine besondere Rolle zu. Sie sind es, die das Betriebsklima und die Arbeitsbedingungen der Beschäftigten beeinflussen. Sie können die Gesundheit ihrer Mitarbeiter im Blick haben oder aber diese kränken. Vorgesetzte prägen somit in wesentlichem Ausmaß das Befinden, die Arbeitszufriedenheit und damit auch die Motivation ihrer Mitarbeiter. Dabei haben sie es heutzutage nicht leicht: Die zunehmende Belastungsintensität macht es schwer, den Menschen im Mitarbeiter wahrzunehmen. Da entgleist schon einmal die Mimik, fällt ein unfreundliches Wort, platzt der Kragen, wird entnervt reagiert, wenn sich Fehler häufen. Und je nach dem, wie ein Vorgesetzter seine Kritik äußert, fühlt sich der Mitarbeiter vielleicht angegriffen oder sogar verletzt. Auch davon handelt dieses Buch.

Es reicht aber nicht, »Kränkungsgeschichten« aus deutschen Unternehmen zu beschreiben, als Handlungsleitfaden aus der Praxis für die

Praxis zeigt das Buch auch einen Weg aus der Misere: Es vermittelt ein Konzept zur gesundheitsgerechten Führung. Es gibt Hilfen an die Hand, etwas für Gesundheit zu tun: Die eigene, die der Mitarbeiter und die des Unternehmens.

Dieses Buch will:
- *Führungskräfte ermutigen, gesünder mit sich selbst umzugehen*
- *für krankmachendes Führungsverhalten und Belastungssymptome sensibilisieren*
- *Sicherheit geben – vieles macht man ja aus dem Bauch heraus richtig*
- *Grenzen der Führungskräfte und Hilfsmöglichkeiten aufzeigen*
- *mit anderen Worten: Gesundheit ins Unternehmen bringen durch gesunden Umgang mit dem anderen und sich selbst*

Das Buch richtet sich an Führungskräfte und Unternehmer, aber ebenso an Sicherheitsfachkräfte, Sicherheitsbeauftragte, Betriebsräte, Betriebsärzte – kurz: an alle, die mit Menschen in Betrieben zu tun haben und die ihre Verantwortung für das Wohlergehen anderer ernst nehmen. Und die sich eine bessere Beziehung zu sich selbst und ihren Mitmenschen wünschen.

Basis des Buches ist die These: Alle Menschen – egal ob Unternehmer, Führungskraft oder Mitarbeiter – wollen sich wohl fühlen, auch bei der Arbeit. Und Menschen, die sich am Arbeitsplatz wohl fühlen, leisten mehr, sind gesünder, fehlen seltener, haben seltener Unfälle und bringen ihr kreatives und produktives Potenzial voll ein – zum Nutzen des Unternehmens. Damit lohnt es sich auch in wirtschaftlicher Hinsicht, dafür zu sorgen, dass die Mitarbeiter sich wohl fühlen. Es handelt sich um eine Frage der Vernunft, nicht nur der Menschenfreundlichkeit. Das Menschliche ist verloren gegangen – so klagen viele Beschäftigte, und zwar über alle Branchen hinweg. Viele Führungskräfte hätten diese Bezeichnung gar nicht verdient, heißt es, weil sie eben nicht führen, sondern herrschen würden oder aber sich unsichtbar machten und jedem Kontakt mit ihren Mitarbeitern aus dem Wege gingen. Und Sätze wie »Der Mensch ist Mittelpunkt«, die in Firmenbroschüren zu lesen seien, bezögen sich in der Realität nur auf die Kunden, nicht auf die Mitarbeiter. Dem möchte dieses Buch etwas entgegensetzen: In erster Linie geht es hier nicht um die Entdeckung neuer Führungsprinzipien, sondern um die Reanimierung alter Tugenden wie Vertrauen und Respekt – oder auch: um die »Wiederentdeckung der Menschlichkeit« in Unternehmen.

Das Ziel ist, dass es allen gut gehen möge: den Unternehmen und den Beschäftigten des Unternehmens inklusive den Führungskräften.

Nun kann's losgehen: Was und wie viel man aus der Lektüre eines Buches mitnimmt, kann jeder Leser nur selbst entscheiden – mein Wunsch ist, dass es eine gesunde Portion sein möge!

Der Chef macht mich krank!   2

Zusammenhänge zwischen Führung und Gesundheit

Zusammenhänge zwischen Führung und Gesundheit

Dieses Kapitel gibt Antwort auf folgende Fragen:
- Was ist ein »Krankmacher-Chef«?
- Was ist krankmachendes Führungsverhalten?
- Was ist Gesundheit überhaupt? Und inwiefern hat sie mit Führungsverhalten zu tun?
- Welche Belege gibt es für den Zusammenhang zwischen Führung und Gesundheit?
- Wie ist es eigentlich um die Gesundheit der Führungskräfte selber bestellt?
- Was macht einen gesundheitsgerechten Führungsstil aus?

Was ist ein Krankmacher-Chef?

Karl Krankmacher hat einen Mitarbeiter, der seit einem Jahr häufig gerade dann fehlt, wenn Not am Mann ist. Eines Tages entdeckt Karl in einer Zeitschrift einen Artikel zum Thema »Die Tricks der Blaumacher«. Der Artikel enthält u.a. eine Liste von Erkrankungen, die auch der Mitarbeiter, Rudi Arglos, schon oft als Erklärung für seine Fehlzeiten angegeben hat. Karl Krankmacher schneidet die Liste aus und legt sie Rudi kommentarlos auf den Schreibtisch.

Dies ist eine wahre Begebenheit.

Was steckt dahinter? Handelt es sich nur um eine drastische Vorgehensweise zur Fehlzeitenreduzierung? Vielleicht hatte der Vorgesetzte mit seiner Vermutung Recht.

So oder so: Die Folgen dieses Fehlverhaltens sind fatal.

Wenn der Mitarbeiter wirklich krank war ...

... werden typische Reaktionen in ihm ablaufen, wie sie die Europäische Kommission für Sicherheit und Gesundheit bei der Arbeit in ihrem Leitfaden zum Thema Stress beschreibt [11]: Fühlen wir uns von unserem Vorgesetzten zu Unrecht getadelt, kann unser Blutdruck steigen, unser Herzschlag kann sich beschleunigen oder unregelmäßig werden, unsere Muskeln können sich verspannen, so dass Nacken, Kopf und Schultern schmerzen, Mund und Kehle werden trocken oder die erhöhte Magensäurereproduktion verursacht Sodbrennen.

Wenn diese Situation kein Einzelfall ist, sondern der Mitarbeiter immer wieder solche Stress-Symptome im Umgang mit seinem Chef entwickelt, dann wird der Körper irgendwann Beeinträchtigungen zeigen – noch mehr krankheitsbedingte Fehlzeiten werden die Folge sein. Das ist krankheitsförderndes Führungsverhalten. Gleichzeitig wird Rudi sich gekränkt fühlen und in menschlicher Hinsicht von seinem Vorgesetzten enttäuscht sein. Das wird seine Loyalität gegenüber dem Chef und sein Engagement für die Firma vermutlich nicht stärken – auch hieraus können erhöhte Fehlzeiten resultieren. Und übrigens: Selbst wenn der Mitarbeiter aus Angst vor dem Verlust des Arbeitsplatzes zukünftig trotz Krankheitssymptomen erscheint, dürfte Karls Freude über den Erfolg nur kurzfristig währen, denn verschleppte Krankheiten sorgen meist für noch längere Ausfallzeiten.

Wenn der Mitarbeiter blau gemacht hat ...

Was geht in Rudi Arglos vor, wenn er die Liste findet. Wird er in sich gehen und reumütig bekennen: »Oh, der Chef hat Recht. Ich bin wirklich zu häufig nicht da. In Zukunft werde ich das abstellen?« Wohl kaum. Wahrscheinlicher ist die folgende Reaktionsspirale:

Die Beziehung ist noch stärker als zuvor gestört und von gegenseitigem Misstrauen geprägt. Rudi Kankmacher ist demotiviert und es kommt zu weiteren Leistungseinbußen. Diese kann Karl nicht kommentarlos hinnehmen: Er kritisiert Rudi. Der wiederum wird mit Ärger oder Wut reagieren und fortan ein Trotzverhalten oder eine Verweigerungshaltung an den Tag legen, was mit erhöhten Fehlzeiten einhergehen kann.

Das Fazit: Es macht keinen Unterschied, ob Rudi tatsächlich krank war oder nicht – das Verhalten des Vorgesetzten wird in beiden Fällen die Fehlzeiten des Mitarbeiters in die Höhe treiben.

Der Vorgesetzte hat versagt: Er hat nicht das Gespräch gesucht, sich nicht nach dem Befinden des Mitarbeiters erkundigt und auch nicht seinen Ärger thematisiert, sondern hat stattdessen zugelassen, dass sich seine Wut auf Rudi aufstaut. Das ist nicht eben gesund – hier könnte langfristig auch die Gesundheit des Vorgesetzten Schaden nehmen!

Siehe auch Leitlinie »Interesse am Mitarbeiter zeigen« auf Seite 172

Was dem Vorgesetzten hätte helfen können, wäre zum Beispiel das regelmäßige(!) Führen von Willkommensgesprächen gewesen.

Und beim Thema Blaumachen treibt es Führungskräften den Blutdruck in die Höhe. Aus Sicht eines Mitarbeiters kann es sich durchaus lohnen oder angemessen erscheinen, wenn er zu folgenden Ansichten gekommen ist:

- *Der Chef kriegt's eh nicht mit, ob ich da bin oder nicht!*
- *Und selbst wenn er's mitkriegt, ist's ihm eh egal!*
- *Dem kann ich es sowieso nie recht machen!*
- *Ich hab' in den letzten Jahren so viel geschuftet, ohne dass darüber mal ein gutes Wort verloren wurde – das hab ich mir jetzt verdient!*
- *So wie der mich gestern runtergemacht hat, kann der nicht erwarten, dass ich gern arbeiten komme!*

- Ich hatte dem Chef schließlich vorher gesagt, dass ich in dieser Woche unbedingt frei brauche!
- Der Stress auf der Arbeit ist momentan so groß, da muss ich mich von erholen, damit meine Gesundheit keinen Schaden nimmt!

Wann macht Führung krank?

Ob Vorgesetzter, Sicherheitsfachkraft, Betriebsrat: Mitarbeiter haben dieselben Bedürfnisse – ganz unabhängig von Kultur, Einsatzgebiet oder Hierarchiestufe. Einmal abgesehen vom finanziellen Aspekt zur Erfüllung unserer Grundbedürfnisse wollen alle in Bezug auf die Arbeit:

Sicherheit und Gesundheit
- *Wohlfühlen bei der Arbeit*
- *unfallfrei arbeiten können*

Soziale Zugehörigkeit
- *gutes Verhältnis zum Vorgesetzten*
- *im Kollegenkreis gut integriert sein*

Anerkennung und Wertschätzung
- *Anerkennung bekommen*
- *Erfolgserlebnisse durch das Erreichen gesteckter Ziele*

Persönlichkeitsentfaltung
- *sich als wichtigen Teil des Unternehmens fühlen*
- *sich entfalten und weiter entwickeln können*

Wann immer eines dieser Bedürfnisse verletzt wird, besteht die Gefahr erhöhter Fehlzeiten. Dahinter stehen demotivierendes, krankheitsförderndes und kränkendes Führungsverhalten. Die Konsequenzen dieser Spielarten von »krankmachendem Führungsverhalten« sind gleich.

Krankmachendes Führungsverhalten

Interesse/Aufmerksamkeit
- *jede Form des Nicht-Beachtens*
- *Ignorieren sicherheitswidriger Zustände*
- *bevorzugte Behandlung einiger Mitarbeiter*

Anerkennung/Kritik
- *Erniedrigung vor versammelter Mannschaft*
- *Kritik, die gespickt ist mit Killerphrasen (»So was hat's hier noch nie gegeben!«) oder einer Abwertung der Person*
- *Augenmerk nur auf die Dinge richten, die schief laufen*
- *ironisch sein (»Na super, da war ja jemand mal wieder ganz clever!«)*

Belastungsaufbau/Ressourcenabbau
- *Zeitdruck verstärken, z. B. Das muss unbedingt bis 11 Uhr raus!*
- *ignorieren von Stress-Symptomen*
- *darauf drängen, dass Pausen durchgearbeitet werden*

Klima/Stimmung
- *Brüllen und Türenknallen*
- *Führen mit Druck und Kontrolle*
- *cholerische Anfälle*

Transparenz/Durchschaubarkeit
- *fehlendes Feedback (Mitarbeiter über ihr Leistungsniveau im Unklaren lassen)*
- *Pokerface im Kontakt mit den Mitarbeitern*

- *Aufträge, die kurz vor Feierabend mit der Bitte um schnellstmögliche Bearbeitung herein gegeben werden*
- *Im Unklaren-lassen über Ziele und Ergebnisse des Volumens/des Bereiches*
- *Zurückhalten von Informationen*

Gesprächsführung/Kommunikation
- *Vorschläge der Mitarbeiter abtun*
- *Anweisungen geben ohne Entscheidungs- und Mitsprachemöglichkeiten*
- *Entzug von bisherigen Kompetenzen*

Man mag sich nun sagen »Ja gut, ideales Führungshandeln ist das sicher nicht, aber von so was wird man doch nicht gleich krank! Was hat das alles mit Gesundheit zu tun?«

Was hat Gesundheit mit Führungsverhalten zu tun?

Die Weltgesundheitsorganisation WHO definiert Gesundheit als »Zustand vollkommenen körperlichen, psychischen und sozialen Wohlbefindens«. Demnach ist Gesundheit weit mehr als nur die Abwesenheit körperlicher Gebrechen, wie wir in unserem Alltagsverständnis meist meinen. Das Verdienst der WHO-Definition besteht darin, dass sie unseren Blick geweitet hat: Psychisches und soziales Wohlbefinden gehören mit dazu. Das gilt auch für das Thema Gesundheit am Arbeitsplatz [12]:

»Es wäre sicher falsch, Gesundheit im Betrieb nur unter den Aspekten Angst, Stress, Krankheit und Unfall zu betrachten. Die Gesundheit äußert sich im subjektiven Wohlbefinden. Wir alle wissen aus Erfahrung, wie gut die Arbeit läuft, wenn wir uns wohl fühlen. Dazu gehört nicht nur ein gesunder, gut unterhaltener Körper (Fitness), sondern auch eine gute psychische Verfassung (Wellness). Während Fitness durch das Individuum allein maßgebend be-

Siehe auch Leitlinie »Belastungen abbauen / Ressourcen fördern« auf Seite 175

Zusammenhänge zwischen Führung und Gesundheit

stimmt werden kann, braucht man zur Wellness auch das Umfeld, insbesondere eine gute menschliche Umgebung«.

Es gibt zwei Wege, Gesundheit zu fördern: Durch Abbau dessen, was schadet, und durch Aufbau dessen, was gut tut. Das gesundheitswissenschaftliche Modell von Belastungen, Ressourcen und resultierendem Stress zeigt die Ansatzpunkte. Tatsache ist, dass Menschen auf dieselben Anforderungen (Belastungen) unterschiedlich reagieren. Was den einen völlig stresst, lässt andere cool. Es stellt sich die Frage, wie sich diese Unterschiede erklären lassen. Die Antwort lautet: Die Stressreaktion ist stark abhängig von den so genannten Ressourcen, also von den Möglich-

keiten zur Belastungsbewältigung, über die eine Person verfügt. Genau wie die Stressbelastungen (Stressoren) können auch die Ressourcen an die Person gebunden sein, aber auch in der Organisation oder in der sozialen Umwelt zu finden sein.

Stressoren:
Person: unruhiges Temperament, fühlt sich einsam, macht sich in schwierigen Situationen gedanklich »runter«, Schlafstörungen
Organisation: unklare Kompetenzen, Arbeitsmittel unzureichend oder in schlechter Qualität, zu viele Anforderungen gleichzeitig, viele Störungen
soziale Umwelt: Umgebung grenzt die Person aus, Mobbing, Verachtung

Ressourcen:
Person: ausgeglichenes Temperament, findet im Privatleben Rückhalt, ist

optimistisch, erinnert sich in schwierigen Situationen an Erfolge, kann abends gut abschalten
Organisation: gut organisierte Arbeitsprozesse, klar definierte Zuständigkeiten, alle erforderlichen Arbeitsmittel immer in guter Qualität zur Verfügung
Soziale Umwelt: Umgebung spendet Anerkennung, zeigt ihre Wertschätzung, liefert Unterstützung und Hilfeleistungen, stärkt den Rücken.

So kann ein ausgeglichenes Temperament (Ressource auf Seiten der Person) Stressoren aus anderen Bereichen, zum Beispiel eine hektische Arbeitsumgebung, ausgleichen. Ebenso kann soziale Unterstützung durch den Vorgesetzten helfen, wenn das Selbstvertrauen eines Mitarbeiters gerade gering ist und er Versagensängste hat.

Wer über viele Ressourcen verfügt, der kann dieselben Anforderungen (Stressoren) viel leichter meistern, als jemand, der kaum Ressourcen hat. Die Förderung von Ressourcen stellt also eine ebenso wichtige – und oft leichter umsetzbare – Herangehensweise dar wie der Abbau von Belastungen.

Insbesondere die soziale Umwelt, also das Miteinander, hat bislang weder im traditionellen Arbeitsschutz noch in der betrieblichen Gesundheitsförderung eine Rolle gespielt, obwohl sie ganz wesentlich zu Gesundheit und Anwesenheit beiträgt. Man kann vom sozialen Arbeitsschutz sprechen.

Der Vorgesetzte kann in diesem Modell beide Rollen einnehmen: Er kann zum einen selbst ein Stressor sein, also den Mitarbeiter noch zusätzlich zu den Aufgabenanforderungen unter Druck setzen; zum anderen kann er als Ressource fungieren, indem er dem Mitarbeiter den Rücken stärkt und ihn an seine Erfolge erinnert.

Aus mehreren Gründen sollte die Rolle der Führungskräfte stärker berücksichtigt werden, wenn es darum geht, Gesundheit in Unternehmen zu bringen und Wohlbefinden bei der Arbeit zu fördern [9]:

Die Führungskraft gestaltet die Arbeitsbedingungen ihrer Mitarbeiter

Zusammenhänge zwischen Führung und Gesundheit

(z. B. in Bezug auf Ergonomie, Arbeitsinhalt, -organisation und -umgebung, Handlungsspielräume, Bereitstellung von Arbeitsmitteln).

Deshalb gibt es in diesem Buch auch Tipps für den Umgang mit eigenen Belastungen sowie Checklisten und Leitlinien »Selbstmanagement« ab Seite 151

1. *Die Führungskraft ist eine Arbeitsbedingung.*
2. *Durch ihr Führungsverhalten beeinflusst sie die Motivation und die Leistungsbereitschaft ihrer Mitarbeiter.*
3. *Sie prägt das Betriebs- und Gruppenklima.*
4. *Sie hat eine Vorbildfunktion inne.*
5. *Sie ist selbst zunehmend höheren Belastungen ausgesetzt. Auch ihre eigene Gesundheit kann Schaden nehmen. Und ein kranker Chef ist in der Wahrnehmung seiner Führungsaufgaben beeinträchtigt.*

Führung bedeutet immer, in Beziehung zu sein. Führung besteht im Wesentlichen aus zwei Aufgaben: erstens aus der Sachaufgabe, die fachliche Kompetenz erfordert, zweitens aus der Personen- oder Beziehungsaufgabe, die soziale Kompetenz erfordert.

Erstere hat die Führungskraft in der Regel gut gelernt. Demgegenüber wurde dem Vorgesetzten nur selten vermittelt, wie er die Beziehungsaufgabe erfüllen soll – kein Wunder also, dass er sich häufig auf die Erfüllung der Sachaufgabe konzentriert, denn auf diesem Gebiet fühlt er sich sicher.

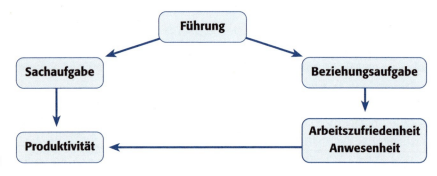

Das ist jedoch kurzsichtig, meint Peter Nieder, der deutsche Fehlzeiten-Papst[23]: Während die Erfüllung der Sachaufgabe Produktivität gewährleistet, gewährleistet die Erfüllung der Beziehungsaufgabe Arbeitszufriedenheit und damit Anwesenheit statt Fehlzeiten, Fluktuation und innerer Kündigung – Faktoren also, die ebenfalls Auswirkungen auf die Produktivität eines Unternehmens haben.

Der Krankenstand wird häufig als Schicksal hingenommen. Dabei wird übersehen, dass die Führungskraft die Anwesenheitsquote ihrer Abteilung ganz entscheidend mitprägt. Professor Bernhard Badura meint dazu: Eine Führung, die sich nicht für die Fehlzeiten der Beschäftigten interessiert, so darf vermutet werden, interessiert sich wenig für den Zusammenhang zwischen den Arbeitsbedingungen und der Gesundheit der Beschäftigten und interessiert sich entsprechend wenig für hier bestehenden Handlungsbedarf. [3]

Exkurs zum Thema Fehlzeiten
Wie bei einem Eisberg ist auch beim Fehlzeitenproblem nur ein kleiner Teil sichtbar und zwar in Form des Krankenstands. Das eigentliche Problem liegt tiefer nämlich in Form des nicht eingebrachten Potenzials von zwar anwesenden, aber demotivierten oder Mitarbeitern, die gar innerlich gekündigt haben. Um das Problem zu lösen, gibt es drei Herangehensweisen: Man kann per Eispickel-Methode einzelne Blaumacher herausgreifen und zur Abschreckung sanktionieren. Das löst aber nicht das eigentliche Problem. Man kann zweitens Druck ausüben und den Eisberg so weit wie möglich nach unten drücken, so etwa durch Fehlzeitengespräche oder Angst vor Arbeitsplatzverlust. Diese Strategie verspricht jedoch nur kurzfristig Erfolg, weil der Eisberg wieder hochkommt. Und man kann – und das ist die eleganteste Methode – die Umgebung erwärmen und so den Eisberg abschmelzen. Letzteres entspricht der betrieblichen Gesundheitsförderung und damit auch dem hier vertretenen Ansatz der Care-Culture, der gleichsam auf »zwischenmenschliche betriebliche Gesundheitsförderung« abzielt.

Um noch kurz »in der Kälte« zu bleiben:

Führung ist zwar manchmal kalt, aber sie lässt nicht kalt – und zwar niemanden. Das kennt jeder auch von sich selbst: Alle Menschen, die einen Vorgesetzten haben, befinden sich automatisch in einer Beziehung zu diesem. Immer. Und diese kann geprägt sein von gegenseitiger Akzeptanz, von Wertschätzung, von Vertrauen, aber auch von Missachtung, Kontrolle oder Ablehnung. Wer glaubt, dass diese Faktoren ohne Einfluss wären auf die Motivation und damit auf das Leistungsverhalten des Mitarbeiters und die Anwesenheitsquote, der irrt: Es gibt eine ganze Reihe von Studien, die diese Zusammenhänge eindrucksvoll demonstrieren!

Welche Belege gibt es für den Zusammenhang zwischen Führung und Gesundheit?

Viele Studien beschäftigen sich mit dem Zusammenhang zwischen dem Krankenstand und der Bewertung des Führungsverhaltens durch die betroffenen Mitarbeiter bzw. deren Zufriedenheit.

- *Das Geva-Institut (Gesellschaft für Verhaltensanalyse und Evaluation) in München untersuchte 250 deutsche Unternehmen und fand heraus, dass ein eindeutiger Zusammenhang zwischen dem Vorgesetztenverhalten und der Höhe der Krankmeldungen existiert: So waren in Unternehmen mit überdurchschnittlich hohen Fehlzeiten im Schnitt rund 60 Prozent der Mitarbeiter unzufrieden mit dem Führungsstil ihres Vorgesetzten. Und 80 Prozent der Mitarbeiter in Unternehmen mit hohem Krankenstand waren der Meinung, dass ihre Vorgesetzten sie nicht motivieren können. Die Ergebnisse dieser Studie ließen sich mehrfach bestätigen* [33].
- *Auch eine Untersuchung der Firma Storck erbrachte einen eindeutigen Zusammenhang von als positiv wahrgenommener Führung mit einem niedrigen Krankenstand – über sechs Abteilungen hinweg. Interessant ist hierbei, dass die Führungskräfte selber den Einfluss von Gesprächen auf die Gesundheit der Mitarbeiter als ausgesprochen gering beurteilten,*

dass aber die Daten eine ganz andere Sprache sprachen: In denjenigen Abteilungen, in denen mitarbeiter-orientiert geführt wurde, wo zum Beispiel Zeit aufgewendet wurde, um zu informieren, wo sich Mitarbeiter anerkannt und gerecht behandelt fühlten, war der Krankenstand am niedrigsten und umgekehrt. [2]

- Heinz Kowalski, der Leiter des Instituts für Betriebliche Gesundheitsförderung der AOK Rheinland, das jährlich bis zu 1000 betriebliche Gesundheitsberichte erstellt, ist der Ansicht: Hauptursache für überdurchschnittlich hohe Krankenstände ist in vielen Betrieben das falsche Führungsverhalten, speziell eine mangelhafte Kommunikation zwischen Führungskräften und Mitarbeitern.
- Im VW-Konzern konnte man folgende spannende Entdeckung machen: Es wurde beobachtet, dass eine Führungskraft üblicherweise ihren Krankenstand mitnimmt. Wird der Vorgesetzte einer Abteilung mit erhöhter Fehlzeitenquote zum Chef einer anderen, bis dato »gesunden« Abteilung, dauert es nicht lange, bis die Abwesenheitsquote sich der in der vorigen Abteilung angenähert hat [23]. Dies kann zu der Provokation verleiten: »Jede Führungskraft hat die Fehlzeitenquote, die sie verdient«.
- Die Siemens AG befragte unternehmensinterne Experten wie Betriebsärzte, Sozialberater, Sicherheitsfachkräfte, Betriebsräte, Personalreferenten, Vertreter der BKK, Beauftragte für Arbeitsgestaltung und Führungskräfte, worin sie die Hauptursachen für mangelndes Wohlbefinden sehen. Alle – auch die Führungskräfte selbst – waren sich einig, dass das Führungsverhalten den größten Einfluss auf das Wohlbefinden der Mitarbeiter hat. Erst an zwölfter Stelle folgte übrigens der Aspekt »ungerechte Bezahlung«. [39]
- Gleiches ergibt sich aus einer Studie, die am Freiburger Universitätsklinikum durchgeführt wurde: Hier wurden 8.000 Beschäftigte nach ihren Arbeitsbelastungen befragt. Die Befragten beklagten vor allem die Unzufriedenheit mit der Führungsspitze und die Umgangsformen miteinander. [22]

Was sind das nun genau für Faktoren, die sich auf das Wohlbefinden auswirken? Und auf welche Aspekte des Wohlbefindens wirken sie sich aus? Hierzu gibt es ebenfalls eine Reihe von Studien.

- *Insbesondere das Auftreten von Rückenschmerzen wird erheblich von psychosozialen Faktoren beeinflusst: Je schlechter das Betriebsklima in einer Abteilung, desto mehr Leute leiden unter Rückenschmerzen. Daneben ist übrigens auch das Unfallrisiko in Abteilungen mit schlechtem Betriebsklima erhöht. Das geht aus einer AOK-Studie an über 20.000 Versicherten hervor. In dieser Untersuchung heißt es, dass weniger das Verhältnis zu den Kollegen das Problem sei, sondern vor allem die fehlende Anerkennung durch den Vorgesetzten.* [50]
- *Der BKK-Bundesverband untersuchte auf der Grundlage eines Datensatzes von über 12.000 Befragten aus unterschiedlichen Berufsgruppen und Branchen, welche Zusammenhänge es zwischen psychosozialen Belastungen, dem Gesundheitsbefinden und der Anwesenheit der Mitarbeiter gibt. Er fand heraus, dass die Arbeitszufriedenheit vor allem abhängt von den psychosozialen Faktoren, während andere Belastungsformen weit weniger bedeutend sind. »Dieses Ergebnis impliziert, dass Interventionen zur Steigerung der Arbeitszufriedenheit besonders dann erfolgreich sein müssten, wenn vor allem die psychosozialen Belastungen reduziert werden können. Von den einzelnen psychosozialen Belastungen ist besonders die Unterstützung/ Anerkennung als Einflussvariable hervorzuheben.«* [21]
- *Die fehlende Anerkennung durch die Vorgesetzten wird in zahlreichen Untersuchungen und so gut wie in jeder Mitarbeiterbefragung beklagt. Dazu passt die Gallup-Studie (2001), die zeigt, dass 84 Prozent der Deutschen eigenen Angaben zufolge in ihrem Job nicht oder nur wenig engagiert sind. Als Gründe werden unklare Aufgaben und mangelnde zwischenmenschliche Anerkennung genannt; außerdem haben viele Befragte den Eindruck, dass ihre Meinung beim Chef nur wenig Gewicht hat* [13].
- *Mitarbeiterbefragungen von kleinen und mittelständischen Unternehmen*

durch die Landesarbeitsgemeinschaft für Gesundheitsförderung im Saarland (LAGS) haben ergeben, dass schlechter Informationsfluss von mehr als der Hälfte der Befragten beklagt wird und dass fast jeder vierte mit Verbesserungsvorschlägen bei seinem Vorgesetzten auf taube Ohren stößt [48].

Stark förderlich auf die Gesundheit der Beschäftigten scheint sich die so genannte soziale Unterstützung – sowohl durch Kollegen als auch durch Vorgesetzte – auszuwirken. Damit ist gemeint, dass man dem anderen signalisiert: Im Notfall kannst du dich auf mich verlassen. Ich bin für dich da. Ich steh' hinter dir und zu dir!

Was ist gesund an der sozialen Unterstützung? Der gesundheitsförderliche Einfluss dieser Variablen umfasst drei Facetten: Die soziale Unterstützung wirkt direkt aufs Wohlbefinden, indem uns Belastungen von anderen abgenommen werden oder wir wissen, dass wir sie im Notfall einspannen können. Daneben wirkt die soziale Unterstützung indirekt positiv, indem wir uns aufgehoben und sozial integriert fühlen, was einem menschlichen Grundbedürfnis entspricht. Und drittens hat sie einen Puffereffekt: Sofern Belastungen als solche empfunden werden, sind zumindest deren gesundheitlich nachteilige Auswirkungen weniger gravierend, wenn wir uns gut eingebettet wissen.

- *So konnte beispielsweise gezeigt werden, dass Personen, die am Arbeitsplatz zwar viel Stress haben, die aber viel soziale Unterstützung durch den Vorgesetzten oder durch Kollegen erfahren, nur zu 17 Prozent psychosomatische Beschwerden zeigten; diejenigen, die bei identischem Belastungsniveau wenig soziale Unterstützung erfuhren, litten zu 57 Prozent unter psychosomatischen Beschwerden!* [27]
- *Spannend ist auch das Ergebnis der BKK-Studie, die zeigt: Die soziale Unterstützung durch den Vorgesetzten wirkt sich auf das Selbstwertgefühl des Mitarbeiters aus.* [21]

Hier wird offensichtlich: Vorgesetzte verfügen nicht nur über krankmachende Einflussmöglichkeiten, sie können positiv auf die Gesundheit der Mitarbeiter einwirken!

Wie ist es um die Gesundheit der Führungskräfte bestellt?

»Führungskräfte ohne Kräfte«, die gesundheitlich unter ihrem Job leiden, sind gar nicht so selten:

Die Bundesvereinigung der Deutschen Arbeitgeberverbände berichtet als Ergebnis einer Studie aus 6.000 Untersuchungen, dass der deutschen Wirtschaft jährlich über 5 Milliarden Euro durch Fehlzeiten und deren Folgekosten verloren gehen, weil Führungskräfte an gesundheitlichen Problemen leiden. So hatten 85 Prozent der leitenden Mitarbeiter vegetative Beschwerden, Herz- oder Kreislaufbeschwerden oder Störungen an Magen oder Darm. Und fast 70 Prozent gaben an, dass sie die berufliche Dauerbelastung nicht verkraften würden. [7]

Unter Schlafstörungen leiden bis zu 85 Prozent aller Führungskräfte – ein deutliches Zeichen dafür, dass das Abschalten nach Feierabend schwer fällt. [49]

Nach einer Studie des Instituts für Arbeits- und Sozialhygiene gilt jede vierte Führungskraft als gesundheitlich gefährdet. Dabei resultiert das größte Gefährdungspotenzial aus Risikofaktoren für das Herz-Kreislauf-System. [15]

Führungskraft raubt Lebenssaft – dieser Spruch meint weniger, dass Vorgesetzte ihre Mitarbeiter bis auf den letzten Tropfen Energie aussaugen, sondern dass sie selbst häufig arbeitsbedingt auf dem Zahnfleisch gehen: Schlafstörungen, mangelnde Freizeit (oder neudeutsch ausgedrückt: fehlende Work-Life-Balance), Burnout – das sind nur einige der gesundheitlich nachteiligen Begleiterscheinungen des Vorgesetzten-Daseins.

Als Erklärung für die gesundheitlichen Nachteile des Jobs Führungskraft gilt: Führung ist ein Eiertanz – Vorgesetzte sind erheblichen sozialen Stressoren ausgesetzt, weil sie sich in der so genannten Sandwich-Position befinden. Das heißt: Sie müssen ständig vermitteln zwischen den Ansprüchen, die das Unternehmen an sie stellt, und den Bedürfnissen der

Mitarbeiter. Zugleich müssen sie den eigenen Bedürfnissen und denen der Familie gerecht werden – mit anderen Worten: Sie jonglieren stets mit mindestens drei Bällen.

Vertieft wird dieses Thema im Kapitel 6 »Die Einsamkeit des Vorgesetzten«. Siehe auch Leitlinie »Self Care für Führungskräfte« auf Seite 166

Was ist ein gesundheitsgerechter Führungsstil?

Die Hoechst AG befragte für ihr Projekt mit dem Titel »Zufriedenheit am Arbeitsplatz – Reduzierung von Fehlzeiten« 1.000 Beschäftigte nach ihren Wünschen an die Vorgesetzten. Die Antworten waren typisch für Mitarbeiterbefragungen, egal aus welcher Branche: Mehr Anerkennung der Leistungen, mehr Gleichbehandlung, mehr Verantwortungsdelegation sowie der Wunsch nach einem besseren Umgangston. Interessant ist hierbei, dass dieses Führungsverhalten mit dem Stichwort »Kümmern« beschrieben wird.[30]

Auch Professor Nieder spricht davon, dass Vorgesetzte sich um ihre Mitarbeiter kümmern müssen. Das sei eine ihrer Aufgaben im Rahmen des betrieblichen Gesundheitsmanagements – und daran müssen sie auch gemessen werden.[23]

do care!
Diese Idee des Kümmerns wird im Folgenden immer wieder aufgegriffen, allerdings wird stattdessen der Ausdruck »care« verwendet. Er erhält den Vorzug, weil er weniger mütterlich klingt als das deutsche Kümmern. Zudem beinhaltet Kümmern, dass bereits ein negativer, mangelhafter Zustand vorliegt. Vorgesetzte sollen aber nicht nur korrektiv tätig werden, wenn es um die Gesundheit ihrer Mitarbeiter geht, sondern auch präventiv und gesundheitsfördernd tätig werden, wie es das englische »care« beinhaltet.
Der Appell do care! bedeutet im Deutschen so viel wie Interessier Dich! oder Pass auf dich/den anderen auf.

Zusammenhänge zwischen Führung und Gesundheit

Ein Führungsverhalten, das diesem Prinzip folgt, wird wie von selbst einen achtsamen und den anderen achtenden Umgang mit den Mitarbeitern und mit der eigenen Person beinhalten – und es wird gesundheitsförderlich sein.

Prototypisch zugespitzt lässt sich das krankmachende, fehlzeitenfördernde Führungsverhalten demgegenüber als psychotoxisch (die Seele vergiftend) bezeichnen.

Bei der folgenden Gegenüberstellung von krankmachendem Führungsverhalten zu gesundheitsförderlichem Führungsverhalten werden ganz bewusst zwei extreme Pole skizziert, die sich in Reinform so sicher nicht im Alltag finden lassen. Dennoch hat so eine plakative Übersicht ihren Wert: als Orientierungshilfe nämlich.

Krankmachendes (fehlzeitenförderndes) Führungsverhalten	**Gesundheitsförderliches Führungsverhalten**
dahinterstehende Unternehmenskultur: *Kontroll-Kultur*	*dahinterstehende Unternehmenskultur:* *Care-Culture*
Aufmerksamkeitsfokus: *Konzentration fast ausschließlich auf die Sache; Befinden des Mitarbeiters fällt erst bei gehäuften Fehlzeiten ins Auge*	*Aufmerksamkeitsfokus:* *häufiger Blick auf den Mitarbeiter und sein Befinden; ca. ein Drittel der Arbeitszeit wird mit Kommunikation verbracht*
Führungsmittel: *Kontrolle / Druck; Anordnungen / Befehle*	*Führungsmittel:* *Zielvereinbarungen; Einbeziehen der Mitarbeiter*
Philosophie: *Der Mensch ist Mittel. Punkt.*	*Philosophie:* *Der Mensch ist Mittelpunkt.*
Menschenbild: *Mitarbeiter muss man antreiben, sonst tun die eh nichts! Die Menschen sind schlecht!* *Steht für Misstrauen*	*Menschenbild:* *Meine Mitarbeiter haben dieselben Bedürfnisse wie ich! Man muss Menschen mögen!* *Steht für Vertrauen*

Was ist ein gesundheitsgerechter Führungsstil?

Bild vom Mitarbeiter: Weisungsempfänger; Meine Mitarbeiter sind abhängig von mir	*Bild vom Mitarbeiter:* Partner auf dem Weg zur gemeinsamen Zielerreichung; Ich bin abhängig von meinen Mitarbeitern
Selbstbild als Vorgesetzter: Antreiber, Richter, Kontrolleur	*Selbstbild als Vorgesetzter:* Partner auf dem Weg zur gemeinsamen Zielerreichung, Förderer/Entwickler, Coach
Machtmittel: Führung kraft des Amtes als Vor-(die-Nase-)Gesetzter	*Machtmittel:* Führung kraft Vorbild und Persönlichkeit (Führungskraft mit Führungskraft)
Einstellung zum Thema Wohlbefinden im Betrieb: Neumodischer Blödsinn! Meine Leute sollen arbeiten! Wohlfühlen können die sich zu Hause!	*Einstellung zum Thema Wohlbefinden im Betrieb:* Alle wollen sich wohl fühlen, ich mich doch auch – wo ich doch den halben Tag hier verbringe!
Informationspolitik: Mitarbeiter werden weitgehend ausgeschlossen von betrieblichen Belangen, nach den Mottos: Wissen ist Macht – das behalt' ich für mich! und davon verstehen die eh nichts!	*Informationspolitik:* Mitarbeiter werden weitgehend informiert, es herrscht ein Bemühen um Transparenz nach dem Motto »wer Bescheid weiß über betriebliche Belange, identifiziert sich auch stärker mit der Firma!«
Folgen für Gesundheit/Anwesenheit: verstärkte Ausprägung psychosomatischer Erkrankungen, erhöhte Fehlzeitenquote	*Folgen für Gesundheit/Anwesenheit:* reduzierte Ausprägung psychosomatischer Erkrankungen, erhöhte Anwesenheitsquote
Einstellung zu Lob/Anerkennung: Mich lobt auch keiner! Da werden die nur verwöhnt und halten noch mehr die Hand auf!	*Einstellung zu Lob/Anerkennung:* Anerkennung ist doch ein menschliches Grundbedürfnis! Die braucht jeder!
Umgang mit sich selbst: gönnt sich selten Auszeiten, überfordert sich häufig	*Umgang mit sich selbst:* gönnt sich regelmäßig Auszeiten, achtet auch auf die eigene Gesundheit

Zusammenhänge zwischen Führung und Gesundheit

> Siehe auch Selbstcheck
> »Praktiziere ich einen gesundheitlichen Führungsstil?« auf Seite 152

Wer für sich (oder den eigenen Vorgesetzten?) einmal abschätzen möchte, inwieweit gesundheitsgerechte Mitarbeiterführung praktiziert wird, kann hierzu einen Selbsttest machen, der sich im Anhang findet.

Insbesondere beim Thema Unternehmenskultur sind die Führungskräfte natürlich nicht alleinverantwortlich. Nötig ist ein Wechsel der Unternehmensphilosophie hin zur Care-Culture, die das Wohlbefinden der Beschäftigten als wichtiges Unternehmensziel anerkennt und unterstützt. Wo die Geschäftsleitung Ernst macht mit: »Der Mensch ist Mittelpunkt«, kann sich auch eine gesunde partnerschaftliche Führungskultur entwickeln.

> Siehe auch Leitlinie »Wohlbefinden fördern« auf Seite 169

Wer etwas für die Gesundheit seiner Mitarbeiter tut, der tut etwas für die Gesundheit des Unternehmens: Wer für ein gesundes Miteinander sorgt, handelt verantwortungsbewusst, denn er sät Gesundheit und erntet Anwesenheit, Motivation und Produktivität.

Meine Mitarbeiter sollen arbeiten! 3

Wettbewerbsvorteil Wohlbefinden

Wettbewerbsvorteil Wohlbefinden

Dieses Kapitel gibt Antwort auf folgende Fragen:
- *Wieso lohnt es sich, für das Wohlbefinden der Beschäftigten zu sorgen?*
- *Wieso spielt die Psyche für das Wohlbefinden eine so wichtige Rolle?*
- *Wohlbefinden in Zeiten von Umstrukturierungen – wie funktioniert das?*
- *Wie kann man zur Förderung des Wohlbefindens beitragen?*

Wieso lohnt es sich, für das Wohlbefinden der Beschäftigten zu sorgen?

Karl Krankmacher hat den hohen Krankenstand in seinem Betrieb satt: Er besucht ein Seminar mit dem Titel »Reduzierung von Fehlzeiten«. Hier will er lernen, wie er die Blaumacher unter den Kranken durch psychologische Tricks entlarven kann. Er wird jedoch schwer enttäuscht: Solche Tricks gebe es nicht und dann wird ihm auch noch erzählt, er könne den Krankenstand durch Maßnahmen zur betrieblichen Gesundheitsförderung senken. Er reagiert empört: »Das ist doch alles reiner Unsinn! Hab' ich alles schon probiert! Die Leute nehmen das nicht an, wenn man ihnen was Gutes tut, die Leute wollen nur ihre Ruhe«.

Auf Nachfragen der anderen Teilnehmer berichtet er: Aufgrund der Häufigkeit von Rückenproblemen hatte er auf Drängen eines Abteilungsleiters einen Trainer besorgt, der einmal pro Woche eine Stunde Rückenschule im Betrieb

anbot. Um die Teilnahmebereitschaft zu erhöhen, sollten die Beschäftigten die Hälfte der Kosten selbst tragen. Gefragt, ob denn dieses Training innerhalb oder außerhalb der Arbeitszeit stattfinden sollte, antwortet Karl: »Na, außerhalb natürlich! Samstags vormittags!«
[Anmerkung: Dieser Betrieb hat grundsätzlich samstags geschlossen – die Leute hätten also an ihrem freien Tag extra für die eine Stunde kommen müssen ...]

Enttäuschende Erfahrungen wie diese münden häufig in die Einstellung »Meine Mitarbeiter werden fürs Arbeiten bezahlt, nicht fürs Wohlfühlen!« – und sie wecken bei vielen Chefs den Eindruck, dass die Ziele und Bedürfnisse von Unternehmen und Beschäftigten sich stark unterscheiden, dass geradezu eine Unvereinbarkeit zu bestehen scheint. Andererseits gilt: Das Spannungsfeld ist im Grunde gar keins, denn Unternehmen wie Individuum wollen wachsen, Erfolge haben, sich weiterentwickeln. Unternehmens- und Mitarbeiterführung sollten daher Hand in Hand gehen.

Dass dabei die Gesundheit eine wesentliche Rolle spielt, leuchtet ein: Je gesünder die Mitarbeiter, desto gesünder das Unternehmen. Alles, was die Gesundheit beeinträchtigt, beeinträchtigt auch die Leistungsbereitschaft und die -fähigkeit. Der wirtschaftliche Vorteil eines geringen Krankenstandes liegt auf der Hand. Die Forderung nach Wohlfühlen am Arbeitsplatz geht aber über die reine Anwesenheit weit hinaus.

Harald Schartau, der Minister für Arbeit und Soziales, Qualifikation und Technologie NRW, meinte anlässlich des Starts der NRW-Initiative »Gesünder Arbeiten« im Frühjahr 2001, dass Unternehmen nur dann wettbewerbsfähig bleiben, wenn sie die Mitarbeiter in den Mittelpunkt stellen und sich um das Wohlfühlen am Arbeitsplatz bemühen. Er ist der Ansicht: »Wohlfühlen der Mitarbeiter wird zum Schlüssel für moderne Unternehmensführung« und »Der Wellness-Gedanke wird in den nächsten Jahren auch in die Arbeitswelt Einzug halten.«

Im Grunde wird hier ein menschliches Grundbedürfnis angesprochen: Alle Menschen wollen sich wohl fühlen – und zwar nicht nur in ergonomischer Hinsicht. Schließlich verbringen wir alle einen Großteil unserer Lebenszeit im Betrieb. Stephan Taylor von der Manchester Metropolitan Universität fand heraus, dass Angestellte, wenn sie kündigen, dies vor allem wegen ihrer Führungskräfte tun [31]: »Sie verlassen ihren Vorgesetzten, nicht die Firma.« Im Vergleich zu den zwischenmenschlichen Beziehungen, so Taylor, spielen finanzielle Aspekte bei der Kündigung nur eine stark untergeordnete Rolle. Das Unternehmen jedoch kommen die intolerablen Chefs teuer zu stehen: Die Kosten belaufen sich auf 50 bis 250 Prozent des Jahresgehaltes.

Wie kann man gute Mitarbeiter an den Betrieb binden? Man muss dafür sorgen, dass sie sich wohl fühlen! Das heißt nicht in erster Linie: eine gute Bezahlung. Wohlbefinden ist mehr, meint auch und vor allem: psychosoziales Wohlbefinden, also die zwischenmenschliche Komponente des Gesundheitsbegriffs der WHO. Es ist ein höchst subjektiver Maßstab, um gesundheitsschädigende oder -fördernde Faktoren am Arbeitsplatz zu messen, der aber objektiv messbare Folgen hat, und zwar: Leistung/Produktivität, Leistungsbereitschaft/Motivation und nicht zuletzt den Krankenstand.

Schauen wir uns zunächst die Leistung an: Wer sich nicht wohl fühlt, wird immer unter seinen Möglichkeiten bleiben. Und Führungskräfte, die sich nicht auch für das Wohlbefinden ihrer Mitarbeiter verantwortlich fühlen, sondern ausschließlich für deren Leistung, werden sicher die Quittung dafür bekommen – indem eben gerade die Leistung nachlassen wird. Im Dienstleistungssektor wird dies besonders deutlich [1, S. 158]:

»Besonders zu betonen gilt es den engen Zusammenhang zwischen dem Wohlbefinden der Mitarbeiter und der Qualität personenbezogener Dienstleistungen. Wo Menschen mit Menschen arbeiten wie in Schulen, Krankenhäusern und Beratungseinrichtungen hat das Wohlbefinden der Anbieter einen direkten Einfluss auf die Qualität der zwischenmenschlichen Kommunikation, die Erschließung koproduktiver Potenziale bei Schülern, Patienten und Klienten und auf deren Zufriedenheit.« Und übrigens: Nur wer sich wohl fühlt, wird auch kreativ sein.

Die Kölner Unternehmensberatung BBE ermittelte [51]: Je zufriedener die Mitarbeiter, desto zufriedener sind die Kunden und desto höher ist die Kundenbindung an das Unternehmen. Sie empfiehlt Unternehmen, sich mehr aus der Befindlichkeit ihrer Mitarbeiter zu machen, denn alle haben etwas davon, wenn die Stimmung stimmt und Möglichkeiten zum Wohlfühlen geschaffen wurden. Diese Forderung wird aber häufig als ein Bruch mit tradierten Ansichten verstanden: Arbeit und Spaß – das schließt sich nach calvinistischer Vorstellung aus. Daher werden häufig soziale Interaktionen am Arbeitsplatz als Quatschen getadelt und geahndet. Hierbei wird übersehen, dass der Austausch mit Kollegen eine wichtige Ressource für Wohlbefinden und Motivation darstellen kann. Man sollte es daher nur unterbinden, wenn man die Leistung der Mitarbeiter durch das Schwätzen gravierend beeinträchtigt sieht oder wenn negativ über das Unternehmen oder Kollegen gesprochen wird! Ansonsten sollte gelten: Mitarbeiter dürfen miteinander plaudern – es ist ein Zeichen dafür, dass sie sich an ihrem Arbeitsplatz wohl fühlen.

Die Mitarbeiterzufriedenheit wird in den letzten Jahren zunehmend mehr als Basis für den Unternehmenserfolg angesehen – und das nicht nur, weil sie in engem Zusammenhang mit der Fehlzeitenquote steht, sondern wegen ihrer Bedeutung für die Motivation und die Bindung an das Unternehmen: »Mangelhafte Anerkennung für Arbeitsleistungen und Verbesserungsvorschläge fördern Hilflosigkeitsgefühle und innere Kündigung. Anhaltende Kränkungen beeinträchtigen das Selbstwertgefühl und die Bindung an Unternehmen und Aufgabenstellung, können auch dazu führen, dass latent gegen die Ziele einer Organisation gearbeitet wird«.[1] Leider glauben viele Unternehmer noch immer, sie würden Geld und Zeit verschwenden, wenn sie sich um ein gutes Klima kümmern. Dass aber z.B. das gute Betriebsklima mit 36 Prozent ein sehr wichtiger Aspekt ist, der Mitarbeiter an Unternehmen bindet, belegt eine Untersuchung an 70 mittelständischen Unternehmen der IT-Branche sowie 120 IT-Fachkräften [55]: Das gute Gehalt bindet nur zu 7 Prozent! Und Mitarbeiter, die am Monatsende zwar mehr Geld in der Tasche haben, die aber weiterhin unter mobbenden Kollegen und brüllenden Chefs leiden, werden sicherlich nicht langfristig die durch Prämien erhöhte Arbeitsmoral beibehalten.

Der zwischenmenschliche Umgang in vielen Betrieben demotiviert. Und wenn die Motivation sinkt, sinkt auch die Produktivität. Daher stellt psychosoziales Wohlbefinden am Arbeitsplatz einen Wettbewerbsvorteil dar, auf den kein modernes Unternehmen verzichten kann. Es wird zwar oft danach gefragt, wie Mitarbeiter noch stärker motiviert werden können – und hierzu werden Anreize gegeben, wie z. B. Prämien in Aussicht gestellt. Aber kostenlose und naheliegende Bedürfnisbefriedigungen wie etwa nach Respekt und Anerkennung bleiben unbeachtet. Viele Führungskräfte demotivieren ihre Mitarbeiter und bremsen deren ursprünglich vorhandene Motivation aus. Reinhard Sprenger konnte in seiner eigenen Untersuchung feststellen, dass 56 Prozent der Befragten die Beziehung zum direkten Vorgesetzten für die Demotivation verantwortlich machen [43].

Das funktioniert über die konsequente Missachtung der Grundbedürfnisse der Mitarbeiter. Für die demotivierten Mitarbeiter beginnt das eigentliche Leben erst nach Feierabend. Im Grunde unglaublich, wenn man bedenkt, wie viele Stunden unseres Lebens wir am Arbeitsplatz verbringen! Und das ist auch nicht von Anfang an so: Dass die Arbeit Spaß macht, ist ein wichtiges Kriterium bei der Berufswahl und später bei der Wahl des Unternehmens – und meistens genauso wichtig wie das Einkommen oder das Prestige der Tätigkeit. Den Betroffenen ist der Spaß vergangen. Und damit wird auch ihre Leistung zurückgehen. Vor allem werden sie keine Höchstleistungen mehr produzieren, denn die erfordern Begeisterung. Und Begeisterung bedeutet Spaß an der Arbeit, bedeutet gerne arbeiten, bedeutet sich wohl fühlen bei der Arbeit.

Das Thema Wohlbefinden hat in den Arbeitsschutz Einzug gehalten, was man zum Beispiel daran erkennt, dass der Hauptverband der gewerblichen Berufsgenossenschaften eine Broschüre mit dem Titel »Wohl fühlen am Arbeitsplatz« herausgegeben hat [40]. Darin heißt es »Wer sich in seinem Job wohl fühlt, leistet mehr, bekommt mehr Anerkennung, ist zufriedener, weniger unfallgefährdet und gesünder«. Das gilt auch für den sozialen Aspekt des Wohlbefindens: »Wenn man am Arbeitsplatz gut miteinander auskommt, wirkt sich das positiv auf das Wohlbefinden, die Gesundheit, die Motivation und Leistungsfähigkeit aus. Ist das Betriebsklima schlecht, kann die Zahl der Krankmeldungen, Kündigungen oder Unfälle hochschnellen und die Produktivität des Unternehmens erheblich nachlassen.«

Und tatsächlich zeigen Untersuchungen, dass der Krankenstand in sehr engem Zusammenhang mit dem Betriebsklima steht [28]. Eine Analyse der Bertelsmann-Stiftung zum Krankenstand in öffentlichen Verwaltungen (untersucht wurden 1.400 Beschäftigte) belegt, dass unter den verschiedenen Aspekten der Arbeitszufriedenheit vor allem die Zufriedenheit der Beschäftigten mit dem Betriebsklima, und hier insbesondere mit dem Vorgesetzten, in besonders engem Zusammenhang mit der Höhe des Krankenstandes steht [57]. Und wenn man bedenkt, dass Erkrankungen des Bewegungsapparates seit Jahren die Liste der Krankheitsdiagnosen anführen, erhält ein Befund wie der aus der AOK-Studie (vgl. Kapitel 2), demzufolge Betriebsklima und Rückenschmerzen eng zusammenhängen, ein ganz anderes Gewicht. Natürlich kann man das Betriebsklima ebenso wie die innere Kündigung nicht objektiv erfassen: Es werden immer subjektive Variable bleiben, die nur durch Befragen erfasst werden können.

Die Folge aber, nämlich der Krankenstand, ist eine objektiv messbare Variable. Die Kosten für krankheits- und unfallbedingte Fehlzeiten beliefen sich 1998 auf 80 Milliarden Mark (40 Mrd. Euro). Davon entfallen zirka 30 Prozent auf arbeitsbedingte Erkrankungen [52]. Hier zeigt sich der Wahrheitsgehalt des Sprichworts: Gesunde Mitarbeiter kosten Geld, kranke Mitarbeiter kosten ein Vermögen. Dass es sich daher für das Unternehmen rechnet, wenn der Krankenstand sinkt, liegt auf der Hand und ist auch oft belegt (bei 1.000 Arbeitnehmern bringt die Reduktion des Krankenstandes um ein Prozent eine Einsparung von 200.000 Euro [12]).

Dabei gilt [58]: Die AU-Quote ist in der modernen Arbeitswelt im wesentlichen der kombinierte Einfluss aus Krankheit, individueller Einstellung zur Arbeit und psychosozialen Rahmenbedingungen«, während Defizite der Arbeitsplatzumgebung wie Ergonomie und Klima dabei heute nur noch von untergeordneter Bedeutung zu sein scheinen. Es ist zu beachten, dass die psychosozialen Rahmenbedingungen ihrerseits die individuelle Einstellung zur Arbeit wesentlich beeinflussen. Es lohnt sich folglich, sie stärker als bisher zu berücksichtigen und sie zum Beispiel in die Gefährdungsanalysen mit aufzunehmen.

Dass es sich also rechnet, in Wohlbefinden zu investieren, ist ein noch relativ unbekannter Gedanke. Die Ergebnisse des breit angelegten »Kooperationsprogramms Arbeit und Gesundheit (KOPAG)« erlauben den Schluss [41]: Da ein Zusammenhang zwischen den Dimensionen psychischen Befindens und dem AU-Geschehen nachgewiesen werden konnte, spricht vieles dafür, dem psychischen Befinden selbst mehr Aufmerksamkeit zu schenken und die Verbesserung der Gemütslage der Beschäftigten als Ziel unternehmerischen Handelns aufzunehmen. So können Maßnahmen des Arbeits- und Gesundheitsschutzes oder Aktivitäten zur Personal- und Organisationsentwicklung auch einen Beitrag zur Reduzierung krankheitsbedingter Fehlzeiten leisten, wenn sie Nervosität und Ängste abbauen und eine positive und aktive Grundhaltung der Beschäftigten fördern.«

Wieso spielt die Psyche für das Wohlbefinden eine so wichtige Rolle?

Körperliches und psychisches Befinden gehören eng zusammen. Das ist für die meisten nichts Neues: Es gibt eine ganze Reihe von Zusammenhängen zwischen Körper und Psyche. »Privat« wissen wir das alle. Aber dass das auch für das Befinden am Arbeitsplatz gilt, wird häufig vergessen.

Der Volksmund kennt zahlreiche Zusammenhänge zwischen Körper und Psyche, die sich in Redensarten wiederfinden: vor Wut kochen, die Galle kommt einem hoch, etwas geht an die Nieren, verschnupft sein etc.

Häufig finden sich hierin Volksweisheiten wieder, wie etwa dass jemand, auf dessen Seele etwas lastet (Belastung), sich häufig bedrückt (von oben gedrückt) fühlt. Es gibt nachvollziehbare Belege für solche Zusammenhänge zwischen Körper und Psyche, z .B.:

- *Fast jeder hat schon einmal die Erfahrung gemacht, dass Stressfaktoren (z. B. Lärm, Hektik, Schwiegermutter-Besuch o.Ä.) vorhandene Beschwerden (z. B. Kopfschmerzen) verstärken.*
- *Es gibt eine Reihe von so genannten psychophysiologischen Zusammenhängen: Zum Beispiel kann andauernder Ärger zu einer Erhöhung des Blutdrucks führen, während Entspannungstrainings einen erhöhten Blutdruck nachhaltig senken. Chronischer Stress und das so genannte Typ-A-Verhalten können zusammen mit anderen Risikofaktoren einen Herzinfarkt auslösen.*
- *»Stress macht dumm«: Ein Azubi ist bei der Prüfung so aufgeregt, dass er sich an nichts mehr erinnern kann.*
- *Die Psychoneuroimmunologie zeigt, dass das Immunsystem auch durch die Psyche beeinflusst wird: Depression, Einsamkeit und Versagensängste zum Beispiel schwächen das Immunsystem. Körperkontakt, Zärtlichkeit, Lebensfreude, Liebe und Fröhlichkeit (Lachen!) dagegen stärken es. Diese Querverbindungen gilt es zu nutzen.*
- *Unter Stress fühlen wir uns häufig entweder wütend oder hilflos. Beide Reaktionsarten werden im zeitlichen Verlauf ausgeglichen – sofern der Mensch diesen Ausgleich ermöglicht und für Ruhe zur Erholung sorgt. Andernfalls stellen sich im ersten Fall Herz-Kreislauf-Probleme ein, im zweiten Fall kann es z. B. zu einer Depression kommen.*
- *Bis zu 60 Prozent aller Patienten, die bei ihrem Hausarzt in Behandlung sind, leiden an einer vegetativen Dystonie: Sie haben so genannte funktionelle Beschwerden, für die sich keine organische Ursache finden lassen. Das ändert aber nichts an den Beschwerden selber: Der Patient*

leidet unter den funktionellen Störungen genauso wie unter den organischen. Daher ist es ganz wichtig, kein Simulantentum zu unterstellen, wenn sich keine organische Ursache finden lässt.

Wenn man von psychosomatischen (seelisch-körperlichen) Krankheiten spricht, meint man damit, dass das Zusammenspiel von Körper und Psyche gestört ist: Etwas beeinträchtigt das Wohlbefinden, drückt unbewusst auf die Psyche und wirkt sich unter Umständen im körperlichen Bereich aus. Die Beschwerden sind da. Und es spielt keine Rolle, ob z. B. Rückenschmerzen nun von der körperlich harten Arbeit kommen oder vom schlechten Betriebsklima: Der Rücken tut weh und muss behandelt werden (durch Medikamente, Massage etc.). In beiden Fällen können auch Techniken helfen, die auf der psychischen Ebene ansetzen: Entspannungstraining z. B. kann verspannte Muskeln lösen – egal, wodurch diese verspannt wurden. Gleichzeitig hilft es, sich im sozialen Umgang ein dickeres Fell zuzulegen.

Siehe auch Checkliste »Veränderungen / Auffälligkeiten bei Mitarbeitern« auf Seite 179

Das Wissen um psychosomatische Zusammenhänge erleichtert den Umgang mit Mitarbeitern, bei denen vielleicht kein organisches Substrat als Ursache der Beschwerden gefunden werden konnte: Dennoch werden die Beschwerden von den Betroffenen tatsächlich empfunden und sind daher auch unbedingt Ernst zu nehmen! Dies gilt auch bei Allergien, Asthma oder ähnlichem. Jeder kann sich vorstellen, wie verletzend es von einer auf Mandeln allergisch reagierenden Mitarbeiterin erlebt wurde, dass, als sie bei einer Betriebsfeier versehentlich eine Praline mit Mandeln gegessen hatte, ihre Vorgesetzte zu ihr meinte: »Stellen Sie sich doch nicht so an, bloß wegen einer kleinen Praline werden Sie uns hier schon nicht gleich über den Jordan gehen!«

Wohlbefinden in Zeiten von Umstrukturierungen – wie funktioniert das?

Gerade in Zeiten von Umstrukturierungen wird deutlich: Veränderung macht Angst. Das gilt auch für den Einzelnen im Unternehmen. Und Menschen verändern sich auch nicht einfach so, sondern im Prinzip nur unter zwei Bedingungen: Entweder das bisherige Verhalten hat sich als nicht zielführend herausgestellt oder aber ein neues Verhalten verspricht größere Vorteile.

Ganz wichtig ist das Vorhandensein der so genannten Selbstwirksamkeitserwartung. Das bedeutet, dass Menschen an den Erfolg ihrer Handlungen glauben müssen. Wer denkt, ohnehin nichts bewirken zu können, leidet schnell unter so genannter erlernter Hilflosigkeit, die in Depression mündet. Eine aktuelle Studie bei DaimlerChrysler belegt sogar [59]: Wer eine hohe Selbstwirksamkeitserwartung mitbringt, erlebt Umstrukturierungen sogar als herausfordernd und motivierend!

Da wir uns bei einem neu gelernten Verhalten (z. B. nach einem Seminar) nicht sicher sind, ob wir damit Erfolg haben werden, ist die Umsetzungsbereitschaft oft gering. Das gilt insbesondere für Menschen, die sich in ihrer Rolle unsicher fühlen. Sie bleiben dann verständlicherweise lieber bei dem, was sie schon können und kennen. Hinzu kommt, dass Lernen für Erwachsene Stress bedeutet: Wenn wir neues Verhalten lernen sollen, haben wir das Gefühl, dass unser bisheriges Verhalten minderwertig war.

Siehe auch Checkliste »Tipps für schwierige Zeiten« auf Seite 168

Das frustriert uns. Manchmal reagieren wir dann auch mit Trotz und reduzieren wiederum unsere Bereitschaft, neue Wege zu beschreiten.

All das zeigt: Wir brauchen normalerweise Anreize, um uns auf neues Terrain zu wagen und Verhaltensweisen auszuprobieren, die uns noch fremd sind. Das gilt für alle erwachsenen Menschen in allen Lebensbereichen, für Führungskräfte genauso wie für Mitarbeiter.

Menschen ändern sich, wenn ...
- *das neue Verhalten Spaß macht*
- *ihnen das alte Verhalten unwichtig ist*
- *sie zum neuen Verhalten ermutigt werden*
- *das neue Verhalten wenig Aufwand bedeutet*
- *andere sich ebenso verhalten*
- *sie eine hohe Selbstwirksamkeitserwartung haben*
- *sie das Gefühl haben: Das neue Verhalten passt zu mir*
- *sie vorab darin gestärkt werden, dass sie schon gut sind, so wie sie jetzt sind*
- *sie aber daran glauben, dass sie noch besser werden können.*

Leitlinie für Führungskräfte, (und andere Mutige), die sich verändern wollen auf Seite 155

Wie kann man zur Förderung des Wohlbefindens beitragen?

Ist es wichtig, dass Mitarbeiter sich wohlfühlen? Hand aufs Herz: Oder ist es nur wichtig, dass sie nicht krank sind? Das ist dasselbe? Die Perspektive macht den Unterschied: Wenn Unternehmen nur Gesundheitsförderungsmaßnahmen anbieten, um die Fehlzeitenquote zu reduzieren, wird dieses Unterfangen fehlschlagen. Mitarbeiter spüren sehr gut, ob die Geschäftsleitung ein echtes Interesse an ihnen als Menschen hat oder ob das Interesse ausschließlich ihrer Leistungsfähigkeit dient. Dass das Bemühen um eine Reduzierung des Krankenstandes auch wirtschaftlichen Interessen dient, ist für die Belegschaft selbstverständlich. Aber sie stellt sich auch die Frage, ob das denn alles ist. Das Motiv der Krankenstandssenkung sollte, wenn es denn da ist, auch publik gemacht werden: Es ist allemal glaubwürdiger, wenn die Geschäftsleitung sagt: »Wir haben alle was davon: Das Unternehmen profitiert von niedrigerem Krankenstand und ihr profitiert von besserer Gesundheit.« Wenn Mitarbeiter perplex sind angesichts dessen, was der Arbeitgeber zu ihrem Wohlbefinden alles tut, dann hat der Arbeitgeber gewonnen. Dann werden die Mitarbeiter – vermutlich zeitversetzt – dem Unternehmen Respekt zollen. Und zwar weil sie den Eindruck haben, dass derselbe auch ihnen entgegengebracht wird.

Und das rechnet sich dann auch: Der BKK-Bundesverband beschreibt in seiner Broschüre »Beispiele guter Praxis« (2001) eine ganze Reihe von Unternehmen, für die sich Maßnahmen zur betrieblichen Gesundheitsförderung ausgezahlt haben [53].

Ein weiteres Beispiel für erfolgreiche Krankenstandssenkung: Die AWO Hamburg hat mit der AOK Hamburg einen Kooperationsvertrag geschlossen. Die ergriffenen Maßnahmen wie Leitfaden und Betriebsvereinbarung für Fördergespräche, regelmäßiger Gesundheitsbericht, Führungskräftetrainings und Personalentwicklung führten zu einer Reduzierung der Abwesenheitszeiten im Seniorenzentrum von 18,7 auf 5,4 Prozent! Kein Wunder, dass sich auch das psychosoziale Wohlbefinden verbesserte!

Neben diesen Beispielen freiwilliger Aktivität zur Fehlzeitenreduzierung gibt es auch die Möglichkeit, gesetzliche Vorgaben zu nutzen, um das Wohlbefinden am Arbeitsplatz zu steigern: Unternehmen sind verpflichtet, eine Gefährdungsanalyse vorzunehmen und dabei psychische Belastungen zu ermitteln. Allerdings gibt es für verhaltensbedingte und psychosoziale Belastungen nur wenige Erhebungsinstrumente. Vor allem bleibt ein wesentlicher Faktor häufig außer Acht: Der Vorgesetzte ist oft der Krankmacher Nr. 1.

Was das Wohlbefinden beeinträchtigt, kann man zudem durch anonyme Mitarbeiterbefragungen in Erfahrung bringen – und natürlich durch das persönliche Gespräch. Wichtig sind nicht nur regelmäßige Mitarbeitergespräche, sondern auch, dass Vorgesetzter und Mitarbeiter überhaupt miteinander sprechen. Hierin liegt auch m. E. der Hauptgrund für den Erfolg von Maßnahmen wie Willkommens- oder Mitarbeiterjahresgesprächen. Anscheinend braucht es dazu oft eine festgelegte Struktur und eine Vorschrift. Die Gespräche bringen ans Licht, wo der Schuh drückt und wo Verbesserungsmöglichkeiten schlummern.

Arbeit kann krankmachen, etwa wenn man von den Kollegen gemobbt wird, sie kann aber auch die persönliche und berufliche Entwicklung fördern; Arbeit kann beflügeln, Erfolgserlebnisse verschaffen, Stabilität geben und damit die Gesundheit fördern. Oft geht unter, welches Potenzial in diesem Umstand steckt.

Siehe auch Leitlinie »Für Klarheit sorgen« auf Seite 177

Veränderungen im Betrieb vollziehen sich – genau wie Veränderungen des einzelnen – nicht von heute auf morgen, und nicht von alleine. Nötig ist dafür ein Wechsel der Unternehmensphilosophie: Das Wohlbefinden der Beschäftigten muss zu einem Instrument der Organisations- und der Unternehmensentwicklung werden. Hierbei geht es nicht nur um die Anwendung von Techniken wie Anerkennung als Führungsinstrument, sondern es geht um eine Haltung und ein Menschenbild, die dahinter stehen. Die Resultate sind für alle erkennbar: mehr Gesundheit, mehr Leistungsbereitschaft, mehr Ausschöpfung des Kreativitätspotenzials, ein besserer Informationsfluss, weniger Stress, weniger Fehlzeiten, weniger Kränkungen und Krankheiten, besseres Betriebsklima, mehr Zufriedenheit. Kurzum: Alle Beteiligten profitieren vom Wettbewerbsvorteil Wohlbefinden.

Der Prozess der Care-Culture

Dieser permanente Stress – ich kann nicht mehr!

Psychische Befindensbeeinträchtigungen bei der Arbeit

Psychische Befindensbeeinträchtigungen bei der Arbeit

Dieses Kapitel gibt Antwort auf folgende Fragen:
- Was sind psychische Belastungen?
- Was verändert sich, wenn wir im Stress sind?
- Was kann eine Führungskraft für ihre Mitarbeiter tun?
- Was kann eine Führungskraft für sich selbst tun?

Was sind psychische Belastungen?

Eine Mitarbeiterin beschwert sich vor Kollegen, ihr Vorgesetzter Karl Krankmacher wisse, dass sie eigentlich um 16.00 Uhr nach Hause ginge, habe es sich aber angewöhnt, ihr immer kurz vorher Aufträge hereinzureichen mit der Bitte, diese doch noch am selben Tag zu erledigen. Da es ja »ihr Job« sei, habe sie dies bislang jedesmal getan, aber sie ärgere sich jeden Tag sehr darüber. Sie koche dann innerlich vor Wut, ihr werde heiß und sie bekomme ein rotes Gesicht. Sie mache dann zwar immer eine etwas grimmige Miene und werde etwas unfreundlich im Ton, aber dennoch habe ihr Vorgesetzter noch nichts an seinem Verhalten geändert.

Möglicherweise ist sich der Vorgesetzte in dem Beispiel keiner Schuld bewusst, da sein Arbeitstag wesentlich länger als bis 16 Uhr dauert. Einmal abgesehen davon, dass die Mitarbeiterin ihrerseits durchaus auch die Bringschuld hat, ihren Vorgesetzten auf seinen Fehler hinzuweisen: Wenn er seinerseits ihr gegenüber aufmerksam wäre, hätte er ihre Verärgerung schon längst wahrnehmen und sich um einen Abbau dieser unnötigen psychischen Belastung bemühen können.

Und bis zu einem gewissen Maße ist das sogar seine Aufgabe: Der Arbeitgeber – und als sein Stellvertreter somit auch der Vorgesetzte – ist zur Prävention arbeitsbedingter Gesundheitsgefahren verpflichtet. Hierzu zählen auch psychische Belastungen, die zu einer dauerhaften Überforderung führen [21]. Deren Reduzierung empfiehlt sich in wirtschaftlicher Hinsicht: Die direkten und indirekten Kosten durch psychische Belastungen am Arbeitsplatz werden auf 9,5 Milliarden Euro geschätzt [16]. Dabei spielt insbesondere die Belastung durch geringen Handlungsspielraum eine wesentliche Rolle [14]. Wer Einfluss nehmen kann auf die Rahmenbedingungen seiner Tätigkeit, fühlt sich in der Regel wohler als derjenige, der sich mit eng vorgeschriebenen Arbeiten anfreunden muss. So wird zum Beispiel die hohe Arbeitsbelastung von Freiberuflern wie Ärzten oder Apothekern von diesen selber als eher gering empfunden, weil die Arbeit selbstständig gestaltet werden kann.

Was sind eigentlich psychische Belastungen? Umgangssprachlich werden sie oft mit »Stress« gleichgesetzt. Das entspricht streng genommen nicht der arbeitswissenschaftlichen Definition der Begriffe. Unter psychischer Belastung versteht man die Gesamtheit aller Einflüsse, die von außen auf den Menschen einwirken. Demgegenüber ist psychische Beanspruchung die Reaktion des Menschen auf die Belastung. Sie kann in Abhängigkeit davon, wie der Mensch die Belastung bewertet, ganz unterschiedlich ausfallen. Stress ist nach diesem Konzept eine von mehreren möglichen Beanspruchungsfolgen.

Ein Teilbereich der psychischen Belastungen – und damit auch etwas, das stressen kann – sind die psychosozialen Belastungen. Sie entstehen durch den Umgang mit anderen Menschen am Arbeitsplatz und umfassen zum Beispiel Mobbing, Diskriminierung oder sexuelle Anzüglichkeiten, aber auch, dass man mit den Kollegen einfach nicht zurechtkommt oder sich vom Vorgesetzten herablassend oder ungerecht behandelt fühlt. Psychosoziale Faktoren sind für den Gesundheitszustand des Einzelnen in doppelter Hinsicht von Bedeutung: Als Auslöser von Befindlichkeitsstörungen und Erkrankungen genauso wie als Ressource für das Wohlbefinden. Eine Untersuchung an über 12.000 Menschen ergab [21]: Beschäftigte im Dienstleistungssektor fühlen sich stärker durch psychosoziale Belastungen beansprucht als Beschäftigte im Industriesektor. Und: Bei Frauen hängen psychosoziale Belastungen und Gesundheitsbefinden deutlich enger zusammen als bei Männern. Psychosoziale Belastungen stehen aber nicht mit bestimmten Gesundheitsbeschwerden im Zusammenhang.

Wie kommt es, dass psychische Belastungen zum Thema werden?
Das hat verschiedene Gründe: Zum einen ist die Beschäftigung mit ihnen gesetzlich vorgeschrieben – indirekt im neuen Arbeitsschutzgesetz und wörtlich in der Bildschirmarbeitsverordnung, die die Einbeziehung psychischer Belastungen in die vom Arbeitgeber vorzunehmende Gefährdungsanalyse erfordert [56]. Zum anderen gibt die Gesetzeslage wieder, was die meisten Arbeitnehmer täglich am eigenen Leib erfahren: dass sich die Arbeitswelt gewandelt hat. So spielen beispielsweise körperliche Belastungen eine wesentlich geringere Rolle als noch vor zwanzig Jahren.

»Die Uhr dreht sich immer schneller«, sagen viele. Die Flut der täglichen E-Mails ist unüberschaubar, die Zahl der Meetings ebenso, Entscheidungen müssen immer schneller getroffen werden, Konzepte in immer kürzerer Zeit auf dem Tisch liegen. Während einerseits die Informationsüberflutung Stress verursachen kann, ist andererseits auch unzureichender Informationsfluss ein Stressfaktor. Demgegenüber kommt echte Kommunikation häufig zu kurz, denn sie erfordert Zeit, Raum und Gelegenheit – und davon gibt es immer weniger. Das ist häufig das Resultat davon, dass immer weniger Leute immer mehr Arbeit erledigen müssen. Faktoren wie Zeitdruck, Arbeitsunterbrechungen, Ungleichbehandlung und Lärm belasten zusätzlich. Es gibt deutliche Hinweise darauf, dass eine vom Beschäftigten wahrgenommene Unklarheit der Arbeitsaufgabe zu wesentlichen psychischen Befindensbeeinträchtigungen führen kann [10].

Ein neuer Belastungsfaktor ist die Arbeitsplatzunsicherheit: Die Angst, den Job zu verlieren, setzt der Psyche stark zu. Wenn Menschen

Siehe auch Leitlinie »Tipps zur Stressbewältigung« auf Seite 158

Angst haben, dann wollen sie sich schützen, sie können dann keine Probleme lösen. Das heißt: Wenn Menschen Angst haben, dann sinkt ihre Leistungsfähigkeit [29], auch wenn vielleicht die Leistungsbereitschaft steigt. Es zeigen sich auch Zusammenhänge zwischen dem von Beschäftigten berichteten Stress und der Abwesenheit vom Arbeitsplatz: Stress wird fast in einem Drittel der Fälle als Grund für die Abwesenheit genannt [10]. Auch für das Unfallgeschehen ist der Stress von Bedeutung und zwar in zweifacher Hinsicht: Psychische Belastungen können als Folge von Unfällen entstehen, etwa wenn durch einen Unfall die Leistungsfähigkeit reduziert wird, sie können aber auch Unfälle verursachen [21]: So erhöht arbeitsbedingter psychischer Stress das Risiko eines Arbeitsunfalls! Das hängt damit zusammen, dass Stress nicht spurlos an uns vorüber geht.

Was verändert sich, wenn wir im Stress sind?

Eines vorweg: Stress ist nicht grundsätzlich schädlich! Ein gewisses Maß an Herausforderung brauchen wir, um uns entfalten zu können. Wer zum Beispiel plötzlich in Ruhestand gehen muss, fühlt sich häufig gar nicht wohl, weil er sich unterfordert fühlt. Es kommt auf das richtige Maß an Herausforderung an und auf ausreichende Erholung zwischen den aktiven Phasen – und natürlich darauf, wie wir den Stress bewältigen.

Eine moderne Stress-Definition lautet [8]**:**
Stress ist jede Situation, die ein Mensch als überfordernd oder bedrohlich wahrnimmt.

Ein ganz wichtiger Aspekt dabei liegt also im Kopf: Wenn wir uns die ganze Zeit über sagen: »Ich schaff' das nicht, das ist mir alles zu viel, die anderen werden damit viel besser fertig«, verstärkt das unseren Stress und das Gefühl des Ausgeliefertseins.

Anzeichen (Symptome) dafür, dass wir im Stress sind, zeigen sich meistens auf drei Ebenen:
1. *Unser Körper reagiert anders.*
2. *Wir denken und fühlen anders.*
3. *Wir verhalten uns anders.*

Das gilt für den Mitarbeiter genauso wie für Führungskräfte. Schauen wir uns die drei Ebenen und ihre jeweiligen Veränderungen im Einzelnen an:

Veränderungen des Körpers
- *roter Kopf oder starke Blässe*
- *Schwitzen (erhöhter Blutdruck, vermehrte Durchblutung)*
- *Zittern*
- *häufiger WC-Besuch*
- *schneller, flacher Atem*
- *Appetitlosigkeit, Magenschmerzen*
- *Anspannungen, wie Schultern hochziehen*
- *hektische, zackige Bewegungen*

Veränderungen im Denken und Fühlen
- *Wut, Aggressivität*
- *Ohnmachts- und Hilflosigkeitsgefühle*
- *Miesmacher-Gedanken (»Ich kann das nicht«)*

- *geistige Abwesenheit im Gespräch*
- *Konzentrationsstörungen (verwechseln, vergessen, doppelt erledigen etc.).*

Veränderungen auf der Verhaltensebene
- *Flüchtigkeitsfehler*
- *häufige Pausen*
- *Ungeduld (Türen knallen, genervt reagieren etc.)*
- *Rückzug (Gespräche meiden, nur knapp antworten, Pausen allein verbringen)*
- *vermehrtes Risikoverhalten (mehr Rauchen, mit Alkoholfahne erscheinen etc.).*

Leider sind Stress-Symptome des Mitarbeiters nicht immer eindeutig zu interpretieren. Eine möglichst eindeutige Interpretation erfordert, dass zuvor genau beobachtet wurde, wie ein Mensch im »Normalzustand« aussieht, wie er sich bewegt, wie er arbeitet. Nur dann können Veränderungen rechtzeitig bemerkt werden.

> Siehe auch Selbstcheck: »Führungsverhalten unter Stress« auf Seite 156

Es dürfte deutlich sein: Wer sich permanent oder extrem stark gestresst fühlt, ist nicht wirklich leistungsfähig. Wie in der Urzeit steigen Blutdruck und Muskelspannung, werden die Durchblutung von Gehirn, Haut und Verdauungstrakt heruntergefahren – der Mensch ist in Kampfhaltung. Nur nützt ihm dieser Zustand, der kreatives Denken unmöglich macht, im Büro nicht viel. Und wenn man Pausen durcharbeitet, sich keine Erholung gönnt, sind sogar gesundheitliche Folgeschäden zu befürchten.

Zu den langfristigen Stressfolgen zählen [27]:
- *psychosomatische Beschwerden und Krankheiten*
- *Beeinträchtigung des psychischen Wohlbefindens*

- *gesundheitsgefährdendes Verhalten (mit Folgewirkungen wie Herzinfarkt, Schlaganfall etc.)*
- *Beeinträchtigung der sozialen Beziehungen*
- *Angst, die in Depressivität münden kann.*

Wer gestresst ist, dem fehlt meist die Kraft, sich soziale Unterstützung bei Kollegen oder in der Familie zu holen: Er zieht sich zurück und isoliert sich. Damit gehen ihm wichtige Quellen der Stressbewältigung verloren. Die soziale Unterstützung durch andere hat nämlich eine wichtige Pufferfunktion. So zum Beispiel sind psychosomatische Beschwerden nicht so stark ausgeprägt, wenn man sich von seinem Vorgesetzten unterstützt fühlt [27]. Das ist also einer der ersten Punkte, an denen eine Führungskraft aktiv werden kann: Sie soll soziale Unterstützung geben, indem sie zeigt, dass sie da ist, dass sie ihren Mitarbeitern den Rücken stärken möchte, dass sie von ihnen und ihrer Leistungsfähigkeit überzeugt ist.

Was kann eine Führungskraft für ihre Mitarbeiter tun?

Es gibt zwei Möglichkeiten, wenn man in puncto psychische Belastungen etwas für die Mitarbeiter tun möchte: Man kann zum einen die Belastungen abbauen und zum anderen Ressourcen aufbauen. In der Praxis ist das zweite meist leichter zu bewerkstelligen, da sich am vorgegebenen Arbeitspensum oft nicht viel ändern lässt.

Siehe auch Leitlinie »Gespräch mit belasteten Mitarbeitern« auf Seite 180

Aber natürlich kann eine Führungskraft einen Blick darauf haben, dass sie als Führungskraft den Stress ihrer Leute nicht unnötig erhöht. Zum Beispiel kann man explizit dazu einladen, dass die Mitarbeiter ihr Herz ausschütten können, wenn sie sich überlastet fühlen. Man kann auch Willkommensgespräche nutzen, um die Mitarbeiter nach psychischen Fehlbelastungen am Arbeitsplatz zu fragen! Eine gute Führungskraft sollte versuchen, Angst in Vertrauen umzuwandeln. Das geht nur über Gespräche. Und: Achtung voreinander, Respekt, Wertschätzung – so alte Begriffe sind ganz wichtig, wenn es um die Reduzierung psychischer und insbesondere psychosozialer Belastungen geht.

Bei Dehn- und Bewegungsübungen kommen sich viele Menschen komisch vor. Der Vorteil liegt aber klar auf der Hand: Rückenschmerzen, vor allem im Schulter-Nacken-Bereich, entstehen häufig durch das stundenlange starre Sitzen vor dem PC. Die Muskeln verspannen, werden nicht genug mit Nährstoffen versorgt, Schlackestoffe werden nicht abtransportiert. Fazit: Wenn Muskeln schmerzen, neigen wir erst recht dazu, sie anzuspannen – schon befinden wir uns in einem Teufelskreis aus Muskelverspannung und Schmerzen. Natürlich gibt es bergeweise wohlmeinende Ratschläge für Übungen zur Bewegung am Arbeitsplatz. Sogar Bildschirmschoner erinnern den Schreibtischtäter daran, sich hin und wieder zu recken und zu strecken. Bei Kundensichtkontakt geht das natürlich nicht. Aber sonst mal ehrlich: In welchem Büro herrscht eine Atmosphäre, die es den Beschäftigten erlaubt, ganz zwanglos diesen Ratschlägen auch tatsächlich nachzukommen?! Zu groß sind die Befürchtungen, von den Kollegen schief angesehen zu werden und dabei ertappt zu werden, dass man gerade nicht in die Arbeit vertieft ist. Vergessen wird dabei, dass auch eine Führungskraft nicht acht Stunden ununterbrochen auf Hochtouren arbeiten kann und hin und wieder die steifen Glieder bewegen sollte. Hier ist auch Mut gefragt: Sich einfach einmal trauen, mal schauen, wie die Mitarbeiter reagieren, etwa wenn eines der zahlreichen Plakate von Berufsgenossenschaft oder Krankenkasse aufgehängt wird.

> Siehe auch Leitlinie »Arbeit ganzheitlich gestalten« auf Seite 169

Kleiner Tipp: Eine ganz einfache unpeinliche Einstiegshilfe in das Thema Bewegungsübungen am Arbeitsplatz ist die Übung mit dem sympathischen Namen »Urlaub machen«: Sich auf dem Stuhl ganz lang machen, Beine nach vorn ausstrecken, Arme nach hinten über den Kopf, recken und strecken, die Dehnung bei geschlossenen Augen genießen und eventuell sogar vom letzten Urlaub träumen ... Das erholt tatsächlich!

Übrigens: Ein Vorgesetzter, der »selber Stress macht« (meist infolge eigener zu hoch angesetzter Zielvereinbarungen), kann seine Leute nicht abschieben in Stressbewältigungsseminare, begleitet von den Worten: »Geht da mal hin, da lernt ihr, wie ihr mit dem Stress fertig werdet!« – Die Mitarbeiter beklagen sich hier völlig zu recht. Der Chef sollte selbst entspannt sein, anstatt durch eigene Hektik die Belastungen der Mitarbeiter zu erhöhen.

Was kann eine Führungskraft für sich selbst tun?

Wir können den Stress angehen und zwar an drei oben genannten Ebenen, indem wir:
1. Lernen, uns körperlich zu entspannen und für Erholung zu sorgen.
2. Unsere Miesmacher-Gedanken durch Mutmacher ersetzen.
3. Unser Verhalten in Stress-Situationen verändern.

Siehe Care Cards auf Seite 186

Ganz wichtig ist es, sich in Stress-Situationen nicht mitreißen zu lassen, sondern einen kühlen Kopf zu bewahren und kurz innezuhalten. Care-Cards, progressive Muskelentspannung oder Atemübungen können dabei eine Hilfe sein – freilich nur, wenn man ihren Einsatz vorher trainiert. In einem ersten Schritt aber sollte man etwas anderes tun:

Selbstbeobachtungsbogen: Mein Stress

So arbeitsintensiv und stress-vergrößernd es auch klingt: Es ist sehr hilfreich, einmal für einen Zeitraum von zwei bis drei Wochen die eigenen Stress-Reaktionen zu beobachten. Die mannigfach bestätigten Effekte der Selbstbeobachtung sind:

- *Sie schärft den Blick dafür, stressig empfundene Situationen überhaupt zu erkennen*
- *Sie führt die eigenen Stressreaktionen vor Augen*
- *Sie entlarvt Miesmacher-Gedanken (= selbstwert-reduzierende)*
- *Sie macht stressverschärfende Verhaltensweisen sichtbar*
- *Der Haupteffekt besteht darin, dass man sich von sich selbst und vom Stress distanziert, indem man sich »von außen« betrachtet. Diese Distanzierung wirkt enorm stressreduzierend: Man fühlt sich dem Stress nicht mehr hilflos ausgeliefert.*

Der Selbstbeobachtungsbogen sollte, zusammen mit einem Stift, in die Tasche passen, so dass man mehrfach täglich Aufzeichnungen machen kann – und nicht erst abends zu Hause. Er sollte mehrere Spalten umfassen:

- *Situation: Wie war die Situation?*
- *Körperreaktion: Was konnte ich an mir beobachten?*
- *Gedankliche und gefühlsmäßige Reaktion: Was habe ich in der Situation zu mir selbst gesagt? Welche Bilder und Gedanken schossen mir durch den Kopf? Wie habe ich mich gefühlt?*
- *(idealerweise in einer weiteren Spalte: Wie hätte ich in Gedanken besser, liebevoller, konstruktiver mit mir umgehen können?)*
- *Verhaltensreaktion: Was habe ich getan?*

Garantie:
Wer sich auf diese Übung einlässt, wird nach zwei Wochen überrascht sein über die stressreduzierende Wirkung der Selbstbeobachtung – diese wird sich garantiert im Erleben einstellen, auch wenn sich objektiv an den Arbeitsbedingungen nichts ändert! Gründe:

a) Sich-vom-Stress-distanzieren können heißt: Nicht mehr Hamster im Rad zu sein,
b) die in allen Kulturen bestehende Tendenz, dass sich beobachtetes Verhalten automatisch in die sozial erwünschte Richtung verändert.

Siehe auch Checklisten »Abschalten/Umschalten« auf Seite 164 und »Schlafhygiene« auf Seite 165

Das geht doch eh' wieder schief! 5

Das depressive Unternehmen

Das depressive Unternehmen

Dieses Kapitel beantwortet folgende Fragen:
- *Wann lässt sich die Stimmung im Betrieb als »depressiv« bezeichnen?*
- *Wo liegen die Gründe für die depressive Stimmung im Betrieb?*
- *Welche Wege führen aus der Depression?*

Wann lässt sich die Stimmung in einem Betrieb als depressiv bezeichnen?

Rudi Arglos hatte die Aufgabe, sich Gedanken zu machen über ein neues Vertriebskonzept. Er geht – etwas zögerlich – mit seinem Vorschlag zu Karl Krankmacher, der ihn unwirsch empfängt: »Na, zeigen Sie mal her, was Sie da ausgebrütet haben!« Nach einem sehr kurzen Überfliegen der Seiten sagt Karl: »Das ist wieder mal typisch! Wie stellen Sie sich das denn vor? Das funktioniert doch garantiert nicht! Schade ums Papier!«

In vielen Unternehmen wird so miteinander umgegangen und gesprochen, wie ein Mensch in einer depressiven Episode zu sich selbst spricht: voller Vorwürfe, Missachtung, Abwertung, Respektlosigkeit, voller Schwarzmalerei, mit Killerphrasen, Übertreibungen und ähnlichen gedanklichen Verzerrungen. Diese Beobachtungen lassen sich immer wieder auf allen Hierarchiestufen machen – die Folge sind neben Klagen und Unmut ein schlechtes Betriebsklima und eine nur gering ausgeprägte Motivation auf allen Seiten. Man hat den Eindruck, hier führt eine Negativspirale die Stimmung im Unternehmen immer tiefer nach unten: Angesichts schlechter Zahlen unter Druck stehende, verzagte und pessimistische Vorgesetzte demotivieren ihre Leute, indem sie jeden Anflug von Begeisterung, Engagement und guter Laune schon im Keim ersticken. Die Mitarbeiter reagieren frustriert und voller Selbstzweifel, sie fühlen sich gehemmt, zum Weisungsempfänger degradiert und wagen nicht, ihr Potenzial zu entfalten. Die daraus resultierenden Leistungen lassen die von den Vorgesetzten gewünschte Qualität vermissen, was wiederum die Vorgesetzten demotiviert usw.

Und ähnlich verhält es sich bei einer Depression: Wer sich in einer depressiven Episode befindet, hat eine gedrückte Stimmung (meist nicht traurig, sondern eher verzweifelt oder gefühlsleer) und wenig Energie. Er glaubt, sein Handeln sei zum Scheitern verurteilt, er sei ein Versager und die Zukunft trostlos. Das Wohlbefinden ist stark reduziert, er leidet oft an körperlichen Beschwerden und er ist nur begrenzt liebes- und leistungsfähig. Er zeigt keine Selbstfürsorge: Ihm ist jegliche »Care«-Einstellung abhanden gekommen – bis hin zur für alle sichtbaren Vernachlässigung (ungewaschene Haare, ungepflegte Kleidung etc.). Erfolge hält er für Zufälle, bei Misserfolgen hingegen glaubt er, dass er sie ganz allein verursacht hat.

Unternehmen, bzw. die Umgangsweisen in ihnen, weisen damit – von der Struktur her betrachtet – ähnliche Probleme auf wie ein Mensch in einer depressiven Episode. Welche Symptome dazugehören, ist z. B. in der so genannten Internationalen Klassifikation psychischer Störungen (ICD-10) beschrieben. Im Folgenden werden die in der ICD-10 genannten Symptome einer depressiven Episode aufgezählt und den entsprechenden Phänomenen im Betrieb gegenübergestellt (kursiv).

- *gedrückte Stimmung, Interessenverlust, Freudlosigkeit, Antriebsverminderung, verminderte Energie, erhöhte Ermüdbarkeit:*
  Zu Betriebsfesten kommt kaum jemand, die Bereitschaft zur Übernahme von Aufgaben im Sozialkontext ist gering, Veränderungen werden nur sehr schleppend umgesetzt, viele Vorgänge laufen verlangsamt ab, die Motivation lässt stark nach, die Fehlzeiten-Quote steigt, häufig ist eine gebückte Körperhaltung bei den Beschäftigten zu beobachten
- *verminderte Konzentration und Aufmerksamkeit sowie Unentschlossenheit*
  Aufgaben- und Wissensdiffusion statt -konzentration; Störungen im Ablauf der Informationsweitergabe, niemand möchte selbst Entscheidungen treffen
- *vermindertes Selbstwertgefühl und Selbstvertrauen*
  Die Mitarbeiter trauen sich selber nichts mehr zu und halten auch nicht viel von ihren Vorgesetzten; das zeigt sich in Rückversicherungen statt Eigeninitiative; auch die Vorgesetzten trauen den Mitarbeitern nichts mehr zu
- *Schuldgefühle und Gefühle der Wertlosigkeit*
  Tadel und Kritik statt Anerkennung; Vorwürfe sind weit verbreitet
- *negative und pessimistische Zukunftsperspektiven*
  »Und das wird sich auch nicht mehr ändern«. Die Zukunft wird schwarz gemalt, keine Ansatzpunkte für die Verbesserung der Lage werden gesehen.
- *Schlafstörungen*
  Alles muss immer schneller gehen, der Stress erfasst alle, der Betrieb kennt keine »problemfreien« Phasen mehr; Probleme werden nicht besprochen, sondern kreisen unaufhörlich unterhalb der Oberfläche
- *verminderter Appetit, Gewichtsverlust*
  Neue Produkte, Initiativen oder Neueinstellungen werden abgelehnt; stattdessen wird alles auf »lean« getrimmt, um »Ballast« (= »Substanz«) loszuwerden.

Aus den hier geschilderten Symptomen lässt sich ein Unternehmens-Depressions-Index (UDI) entwickeln. Er findet sich auf Seite 170

Wo liegen die Gründe für die depressive Stimmung im Betrieb?

Es gibt verschiedene Theorien zur Erklärung der Entstehung einer Depression. Drei ausgewählte (recht bekannte) Ansätze lassen sich durchaus übertragen auf die Entstehung der Depression im Betrieb.

Für Aaron T. Beck sind Denkprozesse die Ursache für Depressionen. Menschen machen Denkfehler, die sie alles negativ sehen lassen [60]: sich selbst, ihre Lebenswelt und ihre Zukunft. Diese negativen Denkschemata – Verallgemeinerungen, Übertreibungen und Katastrophendenken – führen zu einer niedergedrückten Stimmung, in der positive Ereignisse gar nicht mehr wahrgenommen werden (Bsp.: »Nicht einmal der Hund begrüßt mich mehr; da sieht man es wieder: Ich bin hier unerwünscht«).

Dazu gehört z. B. – auf den Betrieb übertragen – die »Verdammung« einer ganzen Abteilung aufgrund eines Fehlers einer einzigen Person, also eine Verallgemeinerung. Diese Denkfehler sorgen für negative Emotionen – beim Denker selber und auch in seiner Umgebung, da er seine Einstellung nicht wirklich verbergen kann: In jedem Kontakt mit dieser Abteilung wird die Einstellung unterschwellig das Miteinander prägen. Die Fokussierung auf ausschließlich negative Ereignisse – während die positiven als selbstverständlich hingenommen werden – ist eine in allen Branchen weit verbreitete Krankheit.

Lewinsohns Theorie der »Depression durch Verstärkerentzug« ist für unseren Vergleich ebenfalls brauchbar: Wenn ein Verhalten wenig Verstärkung erfährt (z. B. zu wenig Lob und Anerkennung durch den Chef oder zu wenig innere Befriedigung aufgrund der Art der Tätigkeit), stellt sich nicht nur ein Motivationsverlust, sondern auch eine Depression ein [34]. Als

Folge wird das Verhalten (bzw. die Arbeitsleistung) weiter reduziert, also werden Verstärkungen noch seltener: Und schon ist ein Teufelskreis in Gang.

Dann gibt es noch die Theorie der erlernten Hilflosigkeit von Martin Seligman [32]. Seligman geht davon aus, dass Menschen auf belastende Situationen in einem ersten Schritt mit Angst reagieren; wenn der Mensch dann merkt, dass er keine Kontrolle über die Situation hat, stellt sich Hilflosigkeit ein – und mit ihr: Depression und auch der Verlust von Motivation. Auf den Betrieb übertragen, bedeutet dies: Wenn Beschäftigten das Gefühl vermittelt wird, dass sie keinen Einfluss nehmen können auf die Vorgänge im Unternehmen (z. B. in ohnehin belastenden Zeiten wie Umstrukturierungen) und diese auch nicht vorhersehen können, werden die Resultate eine depressive Stimmung und Motivationsverlust sein.

Welche Wege führen aus der Depression?

Für richtige Depressionen gilt die Faustregel: Ein Drittel heilt von allein, ein Drittel heilt mit professioneller Unterstützung (Medikamente, Psychotherapie) und bei einem Drittel wird der Verlauf chronisch. Was aber kann ein Unternehmen tun, um letzteres zu verhindern und um möglichst seine Selbstheilungskräfte zu aktivieren?

Siehe auch Checkliste »Beratungs- und Anlaufstellen für belastete Mitarbeiter« auf Seite 185

Wie in jeder Psychotherapie sollte man die positive Wirkung einer bewussten Auseinandersetzung des Patienten mit seinen Problemen und Schwierigkeiten in einem geordneten Rahmen nutzen. Eine bewusste Auseinandersetzung besteht innerbetrieblich darin, dass das Gespräch gesucht wird, und zwar nicht einmal, sondern immer wieder und über alle Hierarchiestufen hinweg: um zu erfahren, wo was los ist, wo der Schuh drückt, wo Informationsbedarf besteht, welche Verbesserungsvorschläge auf ihre Umsetzung warten, um Interesse zu zeigen etc. Nicht nur da, wo so ein kontinuierliches Im-Gespräch-Sein aufgrund der Unternehmensgröße nicht möglich ist, können Mitarbeiterbefragungen dasselbe Ziel verfolgen und den geordneten Rahmen liefern.

Wichtig ist neben der exakten – und für alle sichtbar dokumentierten! – Problemerfassung die Gewissheit über die Ziele (kurz-, mittel- und langfristig), die Anwendung der richtigen Mittel und die Rückmeldung über wahrgenommene Fortschritte. Wie in einer Psychotherapie ist zu vermuten, dass auch im betrieblichen Kontext das Thematisieren als solches schon positive Effekte mit sich bringt.

Die Therapie nach Beck – der Ansatz mit den Denkfehlern – besteht darin, die inneren Selbstgespräche zu kontrollieren, also zuerst zu beobachten, welche Miesmacher-Gedanken existieren und diese dann zu verändern bzw. durch Mutmacher zu ersetzen. Beispiele für negative Gedanken: »Es muss alles bis ins Kleinste klappen, damit unsere Abteilung eine gute Abteilung ist« oder »Wenn meine Mitarbeiter Fehler machen, bin ich eine schlechte Führungskraft«. Mutmacher bzw. positive Gedanken sind z. B.: »Wir haben schon andere schwierige Situationen gemeistert, und beim nächsten Mal sind wir schlauer« oder »Keine Abteilung ist perfekt, wir sind alle nur Menschen«. Das hilft dem Einzelnen. Auf Unternehmensebene ist der innere Monolog gleichzusetzen mit dem betriebsinternen Dialog, sprich: mit jeder Form der internen Kommunikation, die sich auf das Positive konzentrieren sollte (ohne natürlich negative Ereignisse wie schlechte Zahlen zu verschweigen) – wie etwa Berichte über Erfolge des Unternehmens, einzelner Abteilungen oder einzelner Beschäftigter. Außerdem ist es sinnvoll, die Häufigkeit positiv verstärkender Aktivitäten zu erhöhen, z. B. etwa durch das Feiern von Erfolgen (gewonnener Auftrag etc.), Betriebssport oder Betriebsausflüge. Ganz wichtig ist der Aufbau einer selbstwertstärkenden Kommunikationskultur. Das gilt gerade in Krisensituationen und dem hierbei auftretenden Stress. Denn Stress bedeutet in erster Linie eine Veränderung der Gedanken: Macht man sich runter oder erinnert man sich an seine Erfolge? Letzteres ist eine wichtige Maßnahme, wie Vorgesetzte Situationen entstressen können – der objektive Druck wird dadurch nicht geringer, aber die subjektive Einstellung sehr wohl; und die zählt letztlich, wenn es darum geht, ob die Beschäftigten verzagt oder motiviert an die Arbeit gehen.

Depressionstherapie nach Lewinsohn – Stichwort: Verstärkerentzug – beinhaltet, Leistungen anzuerkennen und die Beschäftigten als Person wertzuschätzen. Hier spielt das Thema Loben eine wichtige Rolle Man kann aber auch dafür sorgen, dass die Tätigkeit ihren Lohn schon in sich trägt, etwa indem sie vom Beschäftigten selbstgestaltet werden kann und Erfolgserlebnisse ermöglicht.

Siehe auch Leitlinie
»Anerkennung geben«
auf Seite 172

Nach dem dritten Ansatz Seligman muss es darum gehen, Entscheidungs-, Mitsprache- und Handlungsmöglichkeiten zu eröffnen, um der Hilflosigkeit den Garaus zu machen. Ein positiver Nebeneffekt: Die Motivation steigt ebenso wie die Eigenverantwortung und das Selbstwertgefühl. Für den Umgang mit Belastungen sollten Bewältigungsstrategien vermittelt und vorhandene gefördert werden.

Soziale Unterstützung kann signalisieren, dass alle im selben Boot sitzen und der einzelne sich nicht allein zu fühlen braucht.

Von den hier genannten Strategien profitieren alle Gruppen des Unternehmens. Und in einem Punkt sind sich alle einig: Die positive Ausstrahlung des Unternehmens ist wichtig. Das Unternehmen kann aber nur »positiv ausstrahlen«, wenn es in ihm auch positiv zugeht. Und hierbei spielen – wieder einmal – die Führungskräfte die herausragende Rolle.

Ein ganzer Mann! 6

Die Einsamkeit des Vorgesetzten

Die Einsamkeit des Vorgesetzten

Dieses Kapitel gibt Antwort auf folgende Fragen:
- *Was hat es mit der Einsamkeit des Vorgesetzten auf sich?*
- *Wo liegen die Ursachen dieser Einsamkeit?*
- *Wie lässt sich die Einsamkeit überwinden?*

Was hat es mit der Einsamkeit des Vorgesetzten auf sich?

Karl Krankmacher besucht ein Seminar zum Thema Mitarbeiterführung. Die Gruppe erarbeitet, welche motivationssteigernde und stimmungsverbessernde Wirkung von Lob und Anerkennung ausgehen kann. Da wird es Karl zu bunt. Er schnauzt empört die Referentin an: »Ja, Sie reden da schön, von wegen wir sollen die Mitarbeiter loben und so. Da frag' ich Sie doch mal: Wer lobt uns eigentlich?«

Was der Vorgesetzte in diesem Beispiel anspricht, werden wohl viele Führungskräfte nachvollziehen können: Die so genannte Anerkennungslücke ist ein typisches Beispiel für die Einsamkeit des Vorgesetzten. Der empörte Karl wünscht sich mehr Anerkennung für seine Leistung. Auf die wird er jedoch lange warten müssen, Vorgesetzte und Unternehmer müssen sich (leider) damit abfinden, dass sie sich primär selbst Anerkennung geben. Da ist – in der Regel – niemand, der sie lobt, wenn sie bis spät in die Nacht noch über den Zahlen sitzen und erst nach Hause kommen, wenn die Kinder schon längst schlafen und der Partner sich zudem noch über die Abwesenheit beschwert. Und das einsame Leiden des Vorgesetzten geht dann noch weiter – erinnern wir uns daran, dass 85 Prozent aller Führungskräfte an Schlaflosigkeit leiden. Dieses Los teilen Führungskräfte und Unternehmer aller Branchen zwar mit ihresgleichen auf der ganzen Welt – aber fertig werden müssen sie mit diesem Problem dennoch jeder für sich.

Der Vorgesetzte ist im Grunde immer allein. Das gehört zu seinem (oft nicht selbst gewählten) Schicksal des Führungskraft-Daseins dazu. Vorgesetzte müssen Druck von oben und unten aushalten. Das stresst enorm und macht Angst, vor allem, wenn keine Möglichkeit zum Austausch gegeben ist.

Wer durchschnittlich 54 Stunden pro Woche arbeitet und nur 2 Stunden pro Woche Zeit hat für Hobbys – und laut einer Kienbaum-Studie aus dem Jahr 2002 ist dies der Durchschnitt für deutsche Top-Manager [26] –, dem geht langsam aber sicher der Kontakt zur Familie und zu Freunden und Bekannten verloren. Da bleibt nicht viel Zeit für Emotionen – und auch nicht für den Beziehungsaspekt der Führungsaufgabe! – denn die Arbeit drängt. Insbesondere Männer haben zudem das Gefühl, sie würden ja schließlich für die Familie arbeiten und nicht für sich selbst. Sie empfinden daher die Reaktionen der Familie als ungerecht.

Die Gefahren bzw. Folgen sind dabei: ein eingeschränktes Gefühlsleben, Sucht nach Erfolg bis hin zur Arbeitssucht und ein damit einhergehendes noch verstärktes Vernachlässigen der Familie und der Gesundheit. Der Vorgesetzte überfordert sich selbst und vereinsamt immer weiter. Der Missbrauch von Alkohol und Psychopharmaka scheint kurzfristig Abhilfe zu gewähren, während er langfristig nicht nur Leistungsfähigkeit und Gesundheit ruiniert, sondern die Führungskraft auch immer weiter von der Familie und anderen sozialen Strukturen entfernt: Die Isolation schreitet voran.

Die Einsamkeit des Vorgesetzten

Und sie findet sich auch im Umgang mit Kollegen. Den gibt es zwar im Grunde reichlich: in Form von zahllosen und oft genug ergebnisarmen Meetings, in denen mehr Zeit verschwendet als gewonnen wird. Allerdings geht es hierbei nur um fachliche Dinge: Es fehlt jeglicher Austausch über den Beziehungsaspekt der Führungsaufgabe, über den Alltag des Führungskraft-Seins und über die Probleme mit Mitarbeitern. Wer weiß schon sicher, wie er sich in Problemsituationen zu verhalten hat?

Hier wünschen sich erfahrungsgemäß viele Vorgesetzte Unterstützung, finden sich aber mit dem Alleinsein ab, indem sie sich trösten mit Sätzen wie »Oben wird die Luft halt dünner«.

Siehe auch Kapitel 9

Sie wagen aber nicht danach zu fragen, weil das Miteinander im Betrieb häufig zu einem Gegeneinander geworden ist: Wenn Abteilungsleitersitzungen fast ausschließlich als Forum dafür dienen, dass sich einzelne Vorgesetzte profilieren und die Arbeit der anderen Abteilungen kritisieren, dann will sich jeder in der Runde nur schützen. Wer sich schützen will und glaubt, dass hinter der kühlen Fassade der anderen nur Feindseligkeit lauert, kann aber nicht konstruktiv und lösungsorientiert denken. Die Runde verkommt zum Kampf und anstatt gemeinsam nach Lösungen zu suchen, sieht sich jeder in der Ansicht bestärkt, dass es doch besser ist, nichts von sich preiszugeben, keine Fehler der eigenen Abteilung einzugestehen, kurz: dass es nur darauf ankommt, sein »Revier« zu verteidigen.

Solche Kämpfe zermürben und schaden selbstverständlich dem Unternehmen: Professor Winfried Panse, der Autor des Buches »Kostenfaktor Angst«, vermutet, das schätzungsweise 50 Prozent der deutschen Führungskräfte in innerer Kündigung leben [33]. Er konnte feststellen, dass Angst auf den Chefetagen ein Tabuthema darstellt. Die eigene Verunsicherung angesichts drohender Umstrukturierungen bis hin zu Entlassungen wird totgeschwiegen. Fazit: Die Vorgesetzten machen letztlich alles mit sich alleine aus.

Es stellt sich die Frage: Warum unternehmen die meisten Führungskräfte nichts, um die Einsamkeit zu überwinden?

Wo liegen die Ursachen dieser Einsamkeit?

Die Hauptursache ist Angst. Zu den Ängsten der Vorgesetzten gehören beispielsweise die Befürchtung, von jüngeren Kollegen überholt zu werden, sich bei Präsentationen lächerlich zu machen, von Mitarbeitern als schwach bewertet zu werden, bei Neuerungen altersbedingt nicht mithalten zu können oder von Informationen ausgeschlossen zu werden. Diese Ängste sorgen dafür, dass Führungskräfte sich scheuen, am Arbeitsplatz nach Gesprächs- und Austauschmöglichkeiten zu suchen. Das gilt sowohl für den Umgang mit Kollegen als auch für den mit Mitarbeitern.

Führungskräfte sehen sich oft als Alleskönner oder genauer: Alles-Können-Müsser, die ohne Unterstützung durch andere auskommen. Andere einzubeziehen, wird von ihnen häufig als Schwäche bewertet. So schrecken Vorgesetzte häufig davor zurück, ihre Mitarbeiter in Fachfragen einzubeziehen – sie befürchten, das könnte ihnen als Schwäche oder mangelnde Kompetenz ausgelegt werden. Dabei ist das Gegenteil der Fall: Angemessene Fragen steigern das Selbstwertgefühl des Mitarbeiters, weil sie ihm zeigen, dass er ernst genommen wird. Er wird seinerseits mit Respekt, nicht mit Verachtung reagieren. Dieses Wissen hat sich aber noch nicht durchgesetzt. Oder besser gesagt: Die Angst ist stärker.

Führungskräfte versuchen in der Regel, ihre Ängste zu verstecken, den Anschein von Stärke zu wahren und sich unantastbar zu geben. Die Umgebung merkt es aber meist schnell, wenn jemand versucht, seine Angst zu verbergen – egal ob hinter Rückzugsverhalten, hinter einer kühlen Maske oder hinter Aggressivität. Es heißt dann häufig über den Vorgesetzten: Fachlich top, menschlich flop!« Verunsicherung beim Gesprächspartner ist die Folge. Die Mitarbeiter etwa reagieren auf das Vorgeben von Stärke ihrerseits taktisch und ziehen es z. B. vor, die Führungskraft mit negativer Rückmeldung zu verschonen. Aber: Ein Vorgesetzter ist darauf angewiesen, dass ihm die Wahrheit gesagt wird; wenn seine Leute aus Angst schlechte Zahlen vertuschen und unangenehme Ereignisse verheimlichen, ist ihm nicht geholfen. Hier hilft die Idee, die schärfsten Kritiker zu befördern. Damit würde die Führungskraft ein richtungsweisendes Zeichen setzen.

An einem ehrlichen Feedback, das auch als solches angenommen werden kann, fehlt es den Führungskräften häufig. Ohne jedes Feedback aber fühlen wir uns schnell unsicher und orientierungslos. Das gilt gerade für Zeiten von Umstrukturierungen, wenn z. B. aus streng hierarchisch organisierten Unternehmen mehr oder weniger plötzlich Organisationen mit flachen Hierarchien und modernem Führungsstil werden sollen – die Veränderungen überfordern viele Organisationsmitglieder und auch wenn das gesamte Unternehmen sich im Wandel befindet, betrachten viele Führungskräfte ihre Verunsicherung als Ausdruck persönlichen Versagens – und teilen dies natürlich erst recht niemandem mit; vor allem dann nicht, wenn gleichzeitig die Angst vor Arbeitsplatzverlust grassiert. Gerade in diesen Zeiten suchen sie nach festen Orientierungspunkten, die ihnen Halt geben könnten.

Und hier liegt, neben den Ängsten, ein weiterer Faktor, der den Führungskräften das Leben schwer macht: Die heute weitgehende Erfolglosigkeit bei der Suche nach festen Regeln und Werten, aus denen man glasklare eindeutige Handlungsanweisungen ableiten könnte. Auch wenn Führungskräfte sich noch so sehr danach sehnen: Feste Regeln kann es nicht geben. Und das in Zeiten kumulierter Zielkonflikte ...

Führungskräfte befinden sich in mehreren Dilemmata:
- *Der ewige Zielkonflikt, gleichzeitig ein verständnisvoller Vorgesetzter sein zu müssen und ein knallharter Kalkulierer und ein guter Verkäufer – also mitarbeiter-, unternehmens- und kundenorientiert zugleich.*
- *Der Zwang, Kosten zu sparen, zum Beispiel möglichst viele Kunden mit möglichst wenig Mitarbeitern in möglichst kurzer Zeit »abzuhandeln«, gleichzeitig darf der Service nicht zu kurz kommen.*
- *Der Anspruch, mit Vertrauen zu führen und gleichzeitig für Leistungseinbußen gerade zu stehen, die durch Vertrauensmissbrauch entstehen.*

- Der Vorsatz, ehrlich mit den Mitarbeitern umzugehen, gleichzeitig aber dürfen Führungskräfte manche Interna nicht weitergeben.
- Die Vorgabe, Mut für Neuerungen zu haben, gleichzeitig darf es nicht zu Verzögerungen im Ablauf kommen.
- Der Zwang, schnell und profitabel zu arbeiten, dabei aber keinesfalls die Vorschriften außer Acht lassen.

Tipps zum Umgang mit diesen Zielkonflikten gibt es auf Seite 159

Mit Zielkonflikten umgehen zu lernen, ist Aufgabe jeder Führungskraft. Eine Führungskraft, die vom Unternehmen Unterstützung bei der Lösung dieser Aufgabe verlangt, hat nicht begriffen, dass es auf sie allein, auf ihre Haltung ankommt. Entwickelt wird diese Haltung am leichtesten durch den Austausch mit anderen. Und dann muss man sich trauen, selber Stellung zu beziehen. Das erfordert Reflexion und Persönlichkeit. – Nichts für schwache Gemüter ...

Wie lässt sich die Einsamkeit überwinden?

Es gibt einige Möglichkeiten, die Einsamkeit abzumildern. Die meisten davon erfordern jedoch ein Sich-Öffnen, ein Sich-Einlassen, zumindest einen ersten Schritt dazu, vor dem erfahrungsgemäß viele Führungskräfte zurückschrecken. Denn das kostet Mut – und es gibt keine Garantie dafür, dass man nicht enttäuscht wird. Allerdings ist der Lohn im Erfolgsfall ungleich größer.

Im Grunde geht es immer darum, den Austausch mit anderen Menschen zu verbessern oder ihn überhaupt in Fluss zu bringen. Ein modernes und leider noch nicht sehr weit verbreitetes Verfahren zur Belastungsreduzierung und zur Überwindung der Einsamkeit von Vorgesetzten stellt die kollegiale Beratung dar.

Siehe auch Kapitel 11

Es geht darum, sich unter Gleichrangigen (z. B. Stationsleitungen verschiedener Stationen, Meister unterschiedlicher Abteilungen) nach einem festgelegten Schema über Probleme im Führungsalltag auszutauschen und sich gegenseitig zu beraten.

Dieser Austausch dient neben der Stärkung der Führungspersonen der Mobbing-Prävention und der Kommunikation über die verschiedenen Abteilungen hinweg und regeneriert Synergieeffekte. Nicht nur der Betrieb profitiert von einem verbesserten Austausch, sondern auch der Einzelne, denn Menschen sind Rudelwesen: Sie haben ein natürliches Bedürfnis nach Austausch. Wo das nicht gestillt werden kann, nimmt die Psyche Schaden, die Gefahr psychosomatischer Erkrankungen steigt. Der Austausch kann auch das Auftreten von Burnout verhindern.

Effizientes Arbeiten erfordert für jeden Menschen auch ein offenes Feedback durch andere. Das so genannte 360-Grad-Feedback, das manche Großunternehmen seit Jahren praktizieren, schafft explizite Foren für ein Feedback, das auch vom Mitarbeiter in Richtung Vorgesetzter geht. Der Mitarbeiter merkt: Seine Meinung ist gefragt. Noch sind aber Vorgesetztenbeurteilungen in deutschen Firmen die Ausnahme.

Bei vielen Vorgesetzten führt die mangelnde Anerkennung, die sie für ihre Leistungen erfahren, zu einer Haltung nach dem Motto »Mich lobt auch keiner – wieso also soll ich meine Mitarbeiter loben?!« Dieser Trotz ist zwar eine verständliche Reaktion, hilft aber nicht weiter: Anerkennung stellt eine wichtige Triebfeder für Motivation, Leistungsbereitschaft und Kreativität dar. Als Ausweg hilft hier nur: Großzügig werden mit der Anerkennung für andere. Dann wird sich auch etwas an den eigenen Einsamkeitsgefühlen ändern. Doch letzten Endes hat sich ein Vorgesetzter mit der Entscheidung, Führungskraft zu werden, auch für diese Einsamkeit entschieden. Freilich oft, ohne es zu wissen.

Besonders schmerzlich ist diese Erfahrung für diejenigen, die aus dem Team heraus Führungskraft geworden sind. Sie tun sich besonders schwer, unangenehme Entscheidungen zu treffen auf die Gefahr hin, sich Feinde unter den bisherigen Kollegen zu machen. Der Wunsch, für immer nur ein guter Kumpel zu sein, muss unerfüllt bleiben. Und das heißt eben meist auch, dass die Mitarbeiter für den Vorgesetzten ebenfalls kein Kollege mehr zum Ausquatschen sind. Als Führungskraft muss man sich mit der Einsamkeit im Sinne eines autonom und selbstverantwortlich Handeln-Müssens abfinden – ebenso aber auch mit der Notwendigkeit zur Bindung und Beziehungsgestaltung.

Hierzu gibt es Unterstützung von außerhalb, z. B. durch einen externen Coach, um mit diesem schwierige Führungsaufgaben durchzusprechen oder Berufs- und Privatleben wieder in Einklang zu bringen. Erforderlich hierfür ist die reife innere Haltung: Das Annehmen-Können und bewusste Einholen von Unterstützung ist kein Zeichen von Schwäche, sondern im Gegenteil ein Kennzeichen jeder professionellen Tätigkeit – es ist Ausdruck echter Stärke, weil man es nicht nötig hat, angstbedingt in der Einsamkeit stecken zu bleiben.

Siehe auch Leitlinie »Wege aus der Einsamkeit des Vorgesetzten« auf Seite 160

Vor-(die Nase-)Gesetzter oder Führungskraft? 7

Care-Culture statt Führungstechnik

Care-Culture statt Führungstechnik

Dieses Kapitel gibt Antwort auf folgende Fragen:
- *Welche Rolle spielt das Menschenbild im Führungsalltag?*
- *Welche innere Haltung entspricht einer Care-Culture?*
- *Wie können Führungskräfte ihre innere Haltung verändern?*

Welche Rolle spielt das Menschenbild im Führungsalltag?

Karl Krankmachers Mitarbeiterin berichtet: »Ich habe ja die Stelle gewechselt und versuche jetzt die neuen Computerprogramme zu lernen. Das ist eigentlich ein Aufstieg. Mein neuer Chef sitzt oft neben mir und erklärt mir etwas und ich kann aber nicht gut lernen und arbeiten, wenn jemand neben mir sitzt. Da brauch' ich meine Ruhe. Jedenfalls kapier' ich das oft nicht beim ersten Mal und würde lieber selber weiter rumprobieren. Mein Chef kriegt das dann mit, dass das noch nicht so auf Anhieb klappt, und dann werde ich immer verkrampfter. Und inzwischen macht mir das echt Bauchschmerzen, wenn ich weiß, der guckt mir wieder zu.«

Was passiert hier? Offenbar hat der Vorgesetzte das Menschenbild »Mitarbeiter müssen beobachtet und kontrolliert werden, sonst tun die nichts oder es geht ganz sicher etwas schief.« Und das Resultat: Das Leistungs-

Welche Rolle spielt das Menschenbild im Führungsalltag?

vermögen der Mitarbeiterin wird allein durch sein Führungsverhalten, in diesem Fall die Kontrolle, stark eingeschränkt – das wiederum bestärkt den Vorgesetzten in seiner Haltung, dass seine Mitarbeiterin unselbstständig und vielleicht sogar ein bisschen unfähig ist. Er wird also exakt das wahrnehmen, was seinem Bild von der Mitarbeiterin entspricht.

Der Vorgesetzte schaut nicht hin. Er interessiert sich nicht wirklich für seine Mitarbeiterin – sonst hätte er längst gesehen, dass sie in seiner Gegenwart angespannt ist, vielleicht sogar etwas zittert, hektische Bewegungen mit der Maus macht, einen roten Kopf hat oder vielleicht auch kalkweiß ist, den Blickkontakt meidet und ähnliches.

Die Haltung gegenüber den Mitarbeitern wird also immer durch ein zugrundeliegendes Menschenbild geprägt; und die Haltung ihrerseits prägt das konkrete Führungsverhalten.

Wie man sieht, ist in der obenstehenden Grafik der Kasten »Menschenbild« unterteilt in »Selbstbild« und »Mitarbeiterbild«; in der Praxis werden beide Aspekte häufig unterschieden. Vorgesetzte vergessen oft, dass ihre Mitarbeiter exakt dieselben Bedürfnisse haben wie sie selber (z. B. im zwischenmenschlichen Bereich: sie wollen beachtet, geachtet, verstanden, gelobt und gemocht werden). Stattdessen, das wissen wir seit

Reinhard Sprengers »Mythos Motivation«, vertreten sie die Ansicht: »Motiviert werden müssen immer nur die anderen!« – also die träge Masse der Untergebenen.

Wer glaubt, dass bei ihm Selbst- und Mitarbeiterbild hundertprozentig übereinstimmen, kann sich hierzu einem Selbsttest auf Seite 161 unterziehen!

Wichtig ist dieses Thema, weil das Bild, das wir von unseren Mitarbeitern haben, auch unsere Wahrnehmung prägt: Wir nehmen bevorzugt wahr, was in unser Bild passt. Und wir strahlen auch aus, was wir denken, und gestalten auch die Beziehung zum Mitarbeiter dementsprechend – ob wir wollen oder nicht. Verstecken geht nicht. Zum Beispiel wird der Mitarbeiter, den wir immer für träge gehalten haben, sicherlich nicht zu uns kommen und uns offenherzig erzählen, dass seine Frau gestern die Scheidung eingereicht hat und er daher heute unter Konzentrationsproblemen leidet. Natürlich spielen hierbei immer auch die Erfahrungen der Vergangenheit eine Rolle, aber auch diese wurden ja vor dem Hintergrund unseres Menschenbildes gemacht. Und das Menschenbild vieler Führungskräfte ist leider häufig negativ und wenig konstruktiv.

Welche innere Haltung entspricht einer Care-Culture?

Daniel Goleman, der Erfinder des Konzepts der Emotionalen Intelligenz, meint in seinem Werk »Emotionale Führung«, dass es die wichtigste Aufgabe einer Führungskraft sei, in den Menschen, die sie führt, positive Gefühle zu erzeugen [20] – das aber kann eine Führungskraft nur dann, wenn sie selbst positiv gestimmt ist und wenn sie ein positives Menschenbild hat sowie eine innere Haltung, die geprägt ist von echtem Interesse am Gegenüber. Und: Wenn sie selbst es wagt, Emotionen zu zeigen. Goleman schreibt: »Kurz gesagt wirken sich die emotionale Verfassung und die Handlungen einer Führungskraft auf die Stimmung und damit auch auf die Leistung ihrer Mitarbeiter aus. Wie gut Manager ihre eigene Stimmung und die der anderen steuern können, ist also keine private Angelegenheit, sondern ein Faktor, der ganz wesentlich zum Erfolg oder Misserfolg eines Unternehmens beiträgt (...)« Ein Vorgesetzter muss auch mit dem Herzen führen – sonst wird er nie mehr als nur ein Manager sein. Führungskräfte trauen sich zu selten, ihre menschlichen Potenziale zu entfalten, weil sie befürchten, sich damit der Lächerlichkeit preiszugeben – und weil sie irrtümlicherweise glauben, beispielsweise Emotionen hätten am Arbeitsplatz nichts zu suchen. Dabei lassen sie den Umstand außer Acht, dass die Leistungsfähigkeit steigt, wenn die Beschäftigten zufrieden sind. Zufrieden-Sein aber bedeutet immer auch »Wohlfühlen«, sich Willkommen-Fühlen, respektiert werden, gemocht werden, sprich: Es hat viel mit Emotionen zu tun.

50 Prozent aller befragten 160 Personalverantwortlichen wünschten sich im Jahr 2001 in einer Studie eine bessere Motivation ihrer Mitarbeiter [24]. Das heißt doch nichts anderes, als dass es der Hälfte nicht gelungen ist, den Mitarbeitern Begeisterung für ihre Ziele zu wecken. Wer glaubt, dass seine Mitarbeiter ohne ein engmaschiges Kontrollnetz nicht gut arbeiten, wird wohl kaum einen Funken der Begeisterung auf seine Mitarbeiter übertragen können. Das hat weniger mit der Anwendung von Führungstechniken oder der Umsetzung von Verhaltensleitlinien zu tun, sondern es ist eine Frage der inneren Haltung bzw. der Einstellung – dass sich aus der Haltung wie von selbst bestimmte Verhaltensweisen ableiten, zeigt ein bekanntes Experiment von Robert Rosenthal: Studenten sollten Ratten darauf trainieren, möglichst schnell den Weg durch ein Labyrinth zu finden. Der einen Hälfte der Studenten wurde gesagt, ihre Ratten hätten sich in Vorversuchen als hochbegabt herausgestellt, der anderen wurde gesagt, ihre Ratten seien intellektuell minderbegabt. Die Ratten wurden natürlich streng nach Zufall verteilt. Die für intelligent gehaltenen Tiere erbrachten grundsätzlich bessere Leistungen als die für dumm gehaltenen – die Erklärung kann nur darin liegen, dass sich die Haltung der Studenten den Tieren gegenüber in ihrem eigenen Verhalten und im Leistungsverhalten der Ratten wider-

gespiegelt hat. Wenn schon im Umgang mit Ratten solche Effekte möglich sind, dann gilt dies umso mehr für den Umgang des Menschen mit seinesgleichen – also auch für den Umgang der Führungskraft mit ihren Mitarbeitern, der eben nicht nur eine Frage der Führungstechnik ist, sondern in erster Linie eine Frage der Haltung. Für den Schulbereich wurde das Phänomen ebenfalls bestätigt. Wenn Lehrer einen Schüler für hochbegabt halten, wird der Schüler auch »hochbegabte« Leistungen erbringen.

Techniken lernt man, aber eine Haltung gewinnt man nur durch Selbsterfahrung, d. h. durch ein Sich-Einlassen auf neue Erfahrungen. Dafür ist die Haltung – wenngleich mühsamer zu erwerben – authentischer und damit überzeugender. Und der Vorgesetzte mit der gesundheitsorientierten Haltung wird angesichts einer Fortbildung in Sachen gesundheitsbewusstes Führen nicht sagen: »Was ist das wieder für ein neumodischer Kram?! Müssen wir nicht schon auf genug Dinge achten?« Vielmehr wird er sie als Hintergrund seines Handelns begrüßen.

Als Zumutung wird nur der Vorgesetzte das Seminar empfinden, dem die Haltung fremd ist, der sie als fremd erlebt. Und nur über eine Veränderung seines Erlebens kann er dazu bewegt werden, seine Haltung zu verändern. Einlassen wird er sich auf diese Erlebnisse und Erfahrungen aber nur, wenn er sich freiwillig dafür entschieden hat.

Er wird vermutlich auch nicht viel Wert darauf legen, vom Vor-Gesetzten, der aufgrund seiner Positionsmacht, also qua Amtes, Autorität bei den Mitarbeitern hat, zur Führungskraft im eigentlichen Sinne zu werden: zur Führungskraft mit Persönlichkeitsmacht. Im Grunde wird man zur Führungskraft erst von den Mitarbeitern gemacht: Wenn sie einem Vorgesetzten aufgrund seiner Persönlichkeit und seiner Führungseigenschaften Autorität zugestehen, dann ist er zur Führungskraft mit Führungskraft geworden. In einer Care-Culture werden alle Führungskräfte dieses Ziel anstreben, weil es ihnen zu wenig ist, nur aufgrund ihrer Stellung in der Hierarchie Macht zu haben.

Übrigens, das hat nichts damit zu tun, dass man als Chef den Mitarbeitern gleichgestellt wäre: Die Führungskraft ist der Boss. Und der sollte sich davor hüten, zum Kumpel zu werden – oder zumindest sollte dies höchstens ein Aspekt seines Verhaltens sein. Als Kumpel wird es eine Führungskraft sehr schwer haben, unpopuläre Entscheidungen durchzusetzen; und sie wird enttäuscht sein über die Reaktion der Kollegen.

Mitarbeiter erwarten von einer Führungskraft, dass sie sie führt. Führen, wohlgemerkt, nicht gängeln, überwachen etc. Aber dennoch sollten sie in ihren Mitarbeitern Partner sehen, auf dem Weg zur gemeinsamen Zielerreichung. Und sie wissen, dass sie in ihrem Betrieb alles nur mit ihren Leuten, niemals gegen sie, erreichen. Diese Haltung macht den Unterschied zwischen normaler Führung und der gesundheitsorientierten Führung in einer Care-Culture aus.

Kein Lebewesen kann mit nur einem Flügel fliegen. Wirklich gute Führung ist nur möglich, wenn Herz und Kopf – Fühlen und Denken – zusammenspielen. Das sind die zwei Flügel einer erfolgreichen Führungskraft, meint Daniel Goleman [67]. Zur Care-Culture gehört darum auch, dass eine Führungskraft ihre eigenen Emotionen kennt und sich ihrer auch und vor allem in Belastungssituationen bewusst ist. Denn gerade dann ist die Gefahr groß, dass wir unsere sozialen Kompetenzen verlieren und die Gefühle anderer Menschen nicht wahrnehmen bzw. sie uns egal sind.

> Siehe auch Selbstcheck: »Praktiziere ich einen gesundheitlichen Führungsstil?« auf Seite 152

Gerade im Stress fehlt uns häufig die Bereitschaft zur Empathie – das meint nicht viel anderes als »Die Welt mit den Augen des anderen sehen«, also sich hineinzuversetzen in den anderen. Diese Fähigkeit ist erforderlich, wenn ich als Führungskraft gesundheitsgerecht führen möchte: Ich muss mich für meine Leute und ihr Wohlergehen interessieren; also in einem ersten Schritt – anders als der Vorgesetzte in dem Beispiel – hingucken bzw. Fragen stellen und mich in die Situation meiner Mitarbeiter hineinversetzen.

Wenn diese Fähigkeit fehlt, liegt das meist daran, dass der Vorgesetzte seinerseits in emotionaler Hinsicht blockiert ist. »Die Chefs wollen gar kein gutes Betriebsklima! Denen geht es doch besser, wenn das Klima schlecht ist!« – solche Äußerungen von Mitarbeitern über ihre Chefs sind gar nicht so selten. Auf den ersten Blick wirken solche Einschätzungen irritierend. Auf den zweiten schon nicht mehr: Aus den erläuternden Aussagen der Befragten wird deutlich, dass viele Führungskräfte einen Machtverlust befürchten, wenn die Mitarbeiter sich untereinander gut verstehen und beispielsweise auch in der Freizeit etwas zusammen unternehmen. Und manche Vorgesetzte scheinen sich außen vor zu fühlen. Hintergrund sind die meist nicht bewussten Ängste der Führungskräfte.

Sich der eigenen Gefühle bewusst zu sein und gesund mit ihnen umzugehen, erhöht demgegenüber die Leistungsfähigkeit und gehört zur Führungstätigkeit unbedingt dazu. Zum Beispiel, wenn es darum geht zu erkennen: Die Wut über das gerade misslungene Beurteilungsgespräch sitzt so tief und lenkt mich so ab, dass ich mich nicht auf folgende Gespräche konzentrieren kann. Dann muss zunächst ein emotional ausgeglichener Zustand hergestellt werden, bevor ein Weiterarbeiten Sinn macht. Denn andernfalls leiden vielleicht andere Mitarbeiter unter meiner schlechten Laune. Übrigens: Das Zugeben von Schwächen macht sympathisch… Genauso sollte man sich aber auch seiner positiven Gefühle bewusst sein. Bin ich stolz auf meine Mitarbeiter? Und zeige ich das meinen Mitarbeitern auch ab und zu? Dann darf ich mir auch selbst auf die Schulter klopfen – denn die Haltung gegenüber den eigenen Leuten ist offensichtlich positiv geprägt.

»Es menschelt«, wird so häufig etwas abfällig gesagt, wenn psychische Bedürfnisse am Arbeitsplatz befriedigt werden. Persönliche Worte werden leise belächelt und bisweilen als »Frauen-Kram« abgetan. Man sollte es ruhig menscheln lassen – so kann man kostenlos Wohlbefinden und Leistungsfähigkeit der Mitarbeiter fördern. Denn die Bedürfnisse im zwischenmenschlichen Bereich können völlig ohne Geld befriedigt werden – die Befriedigung dieser menschlichen Bedürfnisse erfordert keine finanzielle

---

Siehe auch Leitlinie
»Wohlbefinden fördern«
auf Seite 169

Investition, Geld ist hier sogar kontraindiziert: Die Befriedigung dieser grundlegenden menschlichen Bedürfnisse erfordert im Gegenteil den Einsatz der ganzen »persönlichen Person und Persönlichkeit« des Vorgesetzten, mehr noch: den Einsatz des Menschen, der sich dem anderen im menschlichen Kontakt zuwendet und es wagt, ihm auf der menschlichen Ebene zu begegnen. Das kostet Mut – übrigens vor allem die modernen Vorgesetzten, die auf etlichen Seminaren schon ihre Persönlichkeit entwickelt haben; demgegenüber sind es eher die Vertreter der »old economy«, häufig auch der familiengeführten Unternehmen, die bereit sind, den persönlichen Kontakt zu suchen, »in Beziehung zu treten« und sich intensiv um das Wohlergehen der Belegschaft zu bemühen. Eben dadurch signalisieren sie dem Gegenüber wie selbstverständlich, dass sie es respektieren und um die gegenseitige Abhängigkeit wissen.

Kleiner Exkurs zu Stressseminaren

Seminare zur Motivation, zur Stressbewältigung, zur Persönlichkeitsentwicklung etc. müssen Teil und Ausdruck einer gelebten »Care«-Culture sein, wenn sie Erfolg haben sollen, d. h. sie dürfen nicht allein stehen. Sie werden von den Beschäftigten häufig als »Alibi-Veranstaltungen« abgetan – leider oft zu Recht: Eine Geschäftsleitung, die glaubt, sich durch die Buchung solcher Seminare das Wohlwollen der Belegschaft erkaufen und gleichzeitig die belastenden Arbeitsbedingungen unverändert lassen zu können, irrt. Dieser »Schwindel« wird von den Beschäftigten ruckzuck als solcher enttarnt, selbst wenn er gut gemeint war. Aber solche Veranstaltungen reichen einfach nicht aus, um die zwischenmenschlichen Bedürfnisse zu befriedigen, die nur von den Führungskräften selber gestillt werden können – und seien die externen Referenten auch noch so herzlich und kompetent: Hier ist die Führungskraft gefragt und sonst niemand. Der Verantwortung, sich um die Mitarbeiter zu »kümmern«, kann sich ein Unternehmen und jeder einzelne Vorgesetzte nicht entziehen.

Wie können Führungskräfte ihre innere Haltung verändern?

»Wir wollen weg vom Zeigefinger«, sagte kürzlich im Gespräch eine Sicherheitsfachkraft eines großen Automobil-Konzerns – und meint damit einen Wechsel der Führungskultur: Es soll weggehen vom Kontrollieren hin zum Übertragen von Eigenverantwortung. Aber wie vollzieht sich so ein Wechsel? Ein verändertes Führungsverhalten von oben anordnen zu wollen, kann nicht funktionieren: Es ist grundsätzlich erforderlich, die zugrundeliegende Haltung zu verändern, indem man die Bereitschaft der Führungskräfte erhöht, sich auf neue Erfahrungen einzulassen – zum Beispiel in puncto Vertrauen.

Zum Thema Vertrauen fordert Reinhard K. Sprenger in seinem Buch »Vertrauen führt« einen Einstellungswechsel: Statt dass, wie bisher, der Mitarbeiter das Vertrauen des Vorgesetzten erst verdienen müsse durch redliches Verhalten, müsse umgekehrt die Führungskraft einen Vertrauensvorschuss gewähren und Misstrauen erst verdient werden. Denn Vertrauen, so Sprenger, motiviere Menschen, und es verpflichte sie, den Chef nicht zu enttäuschen und sich des Vertrauens als würdig zu erweisen [54]. Vertrauen heißt: Ich traue mich – es handelt sich also immer um ein Risiko, enttäuscht zu werden. Aber der Schaden durch Demotivierung im Falle von Misstrauen ist um ein Vielfaches größer. Darum gilt: Kontrolle ist gut, Vertrauen ist besser. Für die Führungskraft heißt das: Sie soll sich entbehrlich machen! Sie soll sich verabschieden von dem »Ich muss mich selber kümmern«! Denn diese Einstellung führt nur zu zusätzlichen Belastungen für sie persönlich und gleichzeitig zeigt sie damit ihren Mitarbeitern, dass sie ihnen nichts zutraut. Sie sollte also das Risiko eines Vertrauensmissbrauchs bewusst eingehen und die Ergebnisse beobachten!

Die Führungsaufgabe unterteilt sich in die Fachaufgabe und die Beziehungsaufgabe. Wenn letztere, wie oft in Mitarbeiterbefragungen beklagt wird, zu kurz kommt, ist dies ein Hinweis auf eine einseitige Haltung auf Seiten der Führungskräfte. Eine Studie der Akademie für Führungskräfte ergab, dass von den befragten 242 Führungskräften knapp die Hälfte (48,9 Prozent) nur bis zu drei Stunden pro Woche für Beziehungsarbeit auf Mitarbeiterebene nutzen [25]. Wer kaum einmal den Blick auf die Mitarbeiter richtet, wird aber auch ihre Verschiedenartigkeit nicht wahrnehmen und ihre Individualität wird für ihn keine Ressource sein, die er nutzen kann. Diese Haltung findet ihren Ausdruck z. B. in gut gemeinten Weihnachtsgeschenken (die gleiche Uhr für jeden, der gleiche Jogging-Anzug für alle, alles mit Firmenlogo und ohne persönliche Note), die pauschal »in Anerkennung der guten Leistungen« überreicht werden. Das zeigt: Du bist zwar einer von uns, aber du bist gleichzeitig auch nur einer von vielen.

Dem steht eine Firmenkultur gegenüber, die es versteht, dem Einzelnen wieder den Rang des Individuums zuzugestehen, die begreift, dass jeder Mensch Bedürfnisse hat, die eben nicht auf der Ebene materieller Erfüllbarkeit zu finden sind. Dran sein! – so lautet folglich die Aufforderung an alle, die eine gesundheitsorientierte Haltung an den Tag legen und den Beziehungsaspekt der Führungsaufgabe bewusst gestalten wollen! Dran an der Befindlichkeit der Mitarbeiter, dran an Fortschritten in ihren Leistungen, dran am tatsächlichen Geschehen im Betrieb. Dann werden sich zahlreiche Facetten eines gesundheitsorientierten Führungsverhaltens wie von selbst ergeben, sie brauchen nicht als Technik erlernt zu werden: genau beobachten, sich hineinversetzen, das Gespräch suchen, Fragen stellen, Interesse zeigen, individuelles Feedback geben, Vertrauen schenken, delegieren können etc.

> Siehe auch Leitlinie »Was Sie tun können, um ihre Einstellung zu ändern« auf Seite 162

Es gibt nichts Gutes, außer man tut es!

Führungshandeln für ein gesundes Miteinander

Führungshandeln für ein gesundes Miteinander

Dieses Kapitel gibt Antwort auf folgende Fragen:
- Wie kann eine Führungskraft ihr Interesse am Mitarbeiter zeigen?
- Warum ist Anerkennung so wichtig? Wie kritisiert man nicht-kränkend?
- Wie lassen sich Belastungen reduzieren und Ressourcen fördern?
- Was kann eine Führungskraft für das Betriebsklima tun?
- Warum soll eine Führungskraft sich durchschaubar machen?
- Wie führt man Gespräche konstruktiv und lösungsorientiert?
- Zusammenfassung: Was macht eine gesundheitsgerechte Mitarbeiterführung aus?

Wie kann eine Führungskraft ihr Interesse am Mitarbeiter zeigen?

Rudi Arglos, ein Service-Techniker, erfährt, während er im Dienst ist, dass sein Vater im Sterben liegt. Er geht zu Karl Krankmacher, um diesem mitzuteilen, dass er für heute den Dienst verlassen möchte und warum. Karl Krankmacher herrscht ihn an, er dürfe den Dienst nicht eher beenden, als nicht alle Aufträge auf der vorgegebenen Liste erledigt seien. – Als er später auf die Situation angesprochen wird, begründet er sein Verhalten damit, dass er das Erreichen seiner eigenen Zielvereinbarung für das laufende Jahr durch Rudis Abwesenheit gefährdet sah ...

Sicherlich ist Karl Krankmachers Verhalten ein Extrembeispiel – wenngleich es sich vor Zeugen so ereignet hat –, aber es scheint ein weiterer Beleg für die oft geäußerte Klage zu sein »Das Menschliche ist verloren gegangen.« Das Schlimme daran: Der Vorgesetzte merkt nicht, welche menschlich verletzende und demotivierende Wirkung seine Sätze haben – so etwas sagen die Mitarbeiter ihm nicht, sie lassen es ihn nur indirekt spüren: durch Dienst nach Vorschrift, innere Kündigung, Passivität usw.

Obwohl wir heute locker mit der Informationstechnologie des dritten Jahrtausends jonglieren, greifen wir bei der direkten zwischenmenschlichen Kommunikation häufig auf Gutsherrengepflogenheiten des vorletzten Jahrhunderts zurück und vergessen – wie der Vorgesetzte in dem Beispiel – so grundlegende Prinzipien wie: Störungen (also zwischenmenschliche Probleme) haben Vorrang. Als eine Erklärung hierfür gilt die zunehmende Belastungsdichte, da bleibt nicht viel Zeit für zwischenmenschliche Belange: Stress frisst Kommunikation.

»Es wird nicht mehr so viel miteinander geredet wie früher«, diesen Satz hört man branchenunabhängig von Beschäftigten aller Hierarchiestufen. Und: »Früher wusste der Chef genau, wann ein Mitarbeiter Nachwuchs bekam, wohin er in Urlaub fährt und so weiter; heute interessiert das doch keinen mehr!«

Was kann eine Führungskraft tun, wenn sie – trotz beschränkter Zeit – ihr Interesse am Mitarbeiter zum Ausdruck bringen möchte? Wenn sie mehr Kontakt zu ihren Mitarbeitern wünscht?

Zum Beispiel ihren Mitarbeitern – und auch den Hilfskräften und Praktikanten! – doch mal morgens zur Begrüßung die Hand geben (Das ist natürlich nur dann praktikabel, wenn man nicht mehr als ca. 15 Mitarbeiter hat)! – Das kann man ruhig schleichend tun, anfangs noch unsystematisch, also mal dem einen, mal dem anderen. Und irgendwann dann allen. Schnell wird deutlich: Nach anfänglichem Verlegenheitslächeln schauen einem die Leute offener ins Gesicht, der Blickkontakt, der sonst schon mal gemieden wird, und der ge-

> Siehe auch Leitlinie »Wege aus der Einsamkeit des Vorgesetzten« auf Seite 160

samte Umgang miteinander werden selbstverständlicher und herzlicher. Denn man strahlt durch den Handschlag klar das Signal aus: Ich geh' euch nicht aus dem Weg, ich will mit euch Kontakt haben; ihr seid wichtig; wir sind Partner!

Ein weiterer Tipp: Aktiv Interesse zeigen! Wenn ein Mitarbeiter sich beklagt, dass in ergonomischer Hinsicht etwas bei ihm nicht stimmt, dann sollte man ihm nicht gnädig erlauben, die Sicherheitsfachkraft zu informieren und um Behebung des Mangels zu bitten, sondern sich die Sache selber einmal anschauen. Man demonstriert damit, dass man das Problem ernst nimmt.

Die Welt mit den Augen des anderen sehen, die so genannte Empathie, ist sehr wichtig für jede Führungskraft: Wer sich nicht in den Mitarbeiter hineinversetzt, der wird ihn nie wirklich verstehen. Hineinversetzen schafft eine Möglichkeit, die Gefühle des Gegenübers »probeweise« mitzuempfinden – das erst ermöglicht echtes Verständnis. Im Eingangsbeispiel fehlt genau das: Der Vorgesetzte verschwendete nicht ein Quäntchen psychischer Energie damit, sich in den Mitarbeiter hineinzuversetzen, und er war völlig auf seine eigenen Ziele fixiert.

Er würde sich auch nie fragen, wie sein Verhalten auf den Mitarbeiter wirkt und was er damit auslöst. Der Mitarbeiter dagegen schaut sich genau an, wie sein Vorgesetzter auf welches Verhalten reagiert. Ob Karl Krankmacher zum Beispiel positiver reagiert, wenn er von Rudi bergeweise Detailinformationen bekommt, oder ob er lieber kurz und knackig informiert werden möchte. Der Mitarbeiter beobachtet die Reaktionen seines Chefs also ganz genau und passt sein zukünftiges Verhalten entsprechend an. Dem Vorgesetzten dagegen käme es gar nicht in den Sinn, einen Blick mehr auf den Mitarbeiter zu werfen, als unbedingt zur Auftragsausführung nötig ist – er ist viel zu sehr mit der Sache beschäftigt und weniger mit dem Menschen. Das beste Mittel, um Interesse am Gegenüber zu signalisieren: Fragen stellen!

Siehe auch Thema Gesprächsführung auf Seite 106 und Leitlinie: »Konstruktive Gesprächsführung« auf Seite 178

Auch Willkommensgespräche nach der Rückkehr aus einer Fehlzeit demonstrieren Interesse am Mitarbeiter und sollten zur gesundheitsgerechten Führung dazugehören. Sie zeichnen sich dadurch aus, dass sie
- *grundsätzlich vom direkten Vorgesetzten,*
- *grundsätzlich nach jeder Fehlzeit und*
- *grundsätzlich mit jedem Mitarbeiter geführt werden.*

Der Ablauf für ein solches Gespräch kann folgendermaßen aussehen:
- *Begrüßung mit namentlicher Ansprache: »Schön, dass Sie wieder da sind«*
- *nach krankheitsbedingter Abwesenheit, nur unter vier Augen:*
  - *Frage nach Änderungsbedarf: »Hatte es etwas mit der Arbeit zu tun?«*
  - *Frage nach Einsatzfähigkeit: »Ist noch Schonung nötig?«*
- *Information: »In der Zwischenzeit ist Folgendes passiert ...«*

In dieser Form lässt sich ein Willkommensgespräch etwa nach nur eintägiger Abwesenheit auch im Stehen innerhalb von dreißig Sekunden durchführen (»Hallo Klaus! Na, wieder zurück? Hör mal, das Meeting ist übrigens verschoben auf nächste Woche, du bekommst noch Bescheid!«) – es ist niemandem peinlich und sorgt dafür, dass beide Seiten über die jeweils andere gut informiert sind. Der Vorgesetzte signalisiert hierdurch zum einen, dass die Abwesenheit des Mitarbeiters nicht unbemerkt geblieben ist (»Sie haben uns gefehlt«), zum anderen zeigt er Fürsorge und drittens sorgt er für eine leichtere Reintegration in den Arbeitsprozess. Zudem erfährt er evtl. etwas über arbeitsbedingte Gesundheitsgefahren wie Zugluft, eine defekte Klimaanlage etc., so dass hier gegebenenfalls Abhilfe geleistet werden kann. Die Führungskraft sollte nicht nach der Diagnose fragen, da sie ohnehin kein Anrecht darauf hat, informiert zu werden. Gerade bei anfangs misstrauischen Mitarbeitern kann man auch einfließen lassen, dass es einem gar nicht darum geht, herauszubekommen, welche Krankheit der Mitarbeiter hatte. Wichtig: Diese Gespräche können Misstrauen und Skepsis nur dann abbauen, wenn sie konsequent mit jedem Mitarbeiter nach jeder Fehlzeit geführt werden. Keinesfalls darf der Eindruck entstehen, das Gespräch diene der Identifikation von Blaumachern – dies darf auch nicht die Intention und Motivation der Führungskraft sein. Menschen merken meist sehr schnell, welche Motive sich hinter den Fragen des Gegenübers verbergen. Gerade in Großunternehmen sind die so genannten Rückkehrgespräche in Verruf geraten, weil es darum ging, Blaumacher zu entlarven.

Auch durch Telefonate mit Mitarbeitern, die sich in längerer Krankheit ab zehn Tagen befinden, zeigt eine Führungskraft ihr Interesse. Falls vom Kranken gewünscht, ist auch ein gemeinsam vereinbarter Besuch von der Führungskraft und/oder Kollegen mit einem Präsentkorb denkbar. Dieses Vorgehen – oder auch nur das Versenden einer vom Chef und den Kollegen unterschriebenen Karte mit Genesungswünschen – ist allemal persönlicher und herzlicher als das oft übliche »automatische« Versenden von Fleurop-Blumensträußen durch die Personalabteilung, versehen mit einer Karte: »Ihr Unternehmen vermisst Sie!«

> Siehe auch Leitlinie »Interesse am Mitarbeiter zeigen« auf Seite 172

Wer wirklich krank war, wird Interesse und persönliche Anteilnahme positiv aufnehmen und nicht als Kontrolle missverstehen – vorausgesetzt, das Verhältnis zwischen Führungskraft und Mitarbeiter stimmt.

Warum ist Anerkennung so wichtig?

Das Interesse und die Aufmerksamkeit, die eine Führungskraft dem Mitarbeiter durch die oben genannten Maßnahmen zuteil werden lässt, bedeuten eine Form der Anerkennung. Anerkennung und Kränkung sind wesentliche Hebel für das Wohlbefinden am Arbeitsplatz. Und sie haben dementsprechend auch wirklich eine Hebelwirkung: Eine kleine Prise hat gigantische Auswirkungen. Anerkennung umfasst Lob und Wertschätzung. Während Lob eine Leistung anerkennt, bezieht sich Wertschätzung auf die Person.

In Mitarbeiterbefragungen wird sehr häufig darüber geklagt, die Leistung werde vom Vorgesetzten nicht ausreichend anerkannt. »Nicht gemotzt ist gelobt genug!« – dieser Devise folgen viele Vorgesetzte, privat kennen wir dieses Muster auch sehr gut, wenn zum Beispiel der Partner antwortet: »Natürlich hat es mir geschmeckt. Sonst hätte ich schon was gesagt.« – Eine erbärmliche Form des Lobes, oder?

Die meisten Menschen sind geizig mit wertschätzenden Äußerungen wie »Schön, dass Sie bei uns sind«. Im Betrieb fehlt nicht nur die Wertschätzung des anderen als Person häufig, leider geht der Anerkennungsgeiz sogar noch weiter: Von 25 Seminarteilnehmern geben grundsätzlich nur zwei bis drei an, dass sie in den vergangenen fünf Werktagen von ihrem Vorgesetzten für eine Leistung gelobt worden seien. Die Lob-Kultur ist in deutschen Unternehmen branchenübergreifend nicht sehr weit entwickelt. Natürlich ist es wünschenswert, wie Reinhard Sprenger in seinem Buch »Mythos Motivation« schreibt, wenn jeder Mensch sich selbst motiviert und ihm der Vorgesetzte lediglich dazu den Freiraum gibt, so dass er sich selbst entfalten kann [43]. Dennoch wäre sicherlich auch ein Reinhard Sprenger irritiert, wenn man ihm nach einem Vortrag den Applaus versagen würde: Anerkennung als menschliches Grundbedürfnis kann kaum jemand allein aus sich heraus befriedigen. Wie sehr wir Menschen Anerkennung und Zustimmung brauchen, sehen wir immer dann, wenn diese ausbleibt – etwa am Beispiel eines Menschen in einem Experiment, der Länder und deren Hauptstädte nennen soll und dem – trotz richtiger Antworten – statt eines zustimmenden Nickens ein fragender, missbilligender Blick durch sein Gegenüber zuteil wird.

Jeder Mensch möchte ab und zu hören, dass er willkommen ist, dass er gute Arbeit leistet, dass er einen anderen gut beraten hat, dass er ein wichtiges Tor geschossen hat, kurz: dass er und seine Leistung o.k. sind. Jede Kommunikation mit dem Mitarbeiter sollte zum Ziel haben, dessen Selbstwertgefühl zu stärken und nicht zu schwächen. Und jedes Lob möbelt das Selbstwertgefühl des Mitarbeiters auf – unter der Voraussetzung, dass das Verhältnis zum Vorgesetzten stimmt. Das bedeutet nicht, dass der

Mitarbeiter abhängig oder selbstunsicher wäre, Anerkennung ist ein menschliches Grundbedürfnis. Wenn eine Führungskraft den Mitarbeiter dazu bringt, sich selbst zu mögen, wird sie sehen: sie selbst, der Mitarbeiter und seine Leistung werden davon profitieren!

Mancher wird jetzt vielleicht denken: »Aber der Mitarbeiter wird doch schließlich für seine Arbeit bezahlt!« Trotzdem: Auch das Selbstverständliche sollte hin und wieder gelobt werden – schließlich sind viele Tätigkeiten während der Arbeitszeit Routinetätigkeiten. Aber wäre es nicht verheerend, wenn diese Routinetätigkeiten fehlerübersät ausgeführt würden? Ein Lob für Selbstverständliches würde man natürlich nicht auf eine konkrete Handlung beziehen (»Toll, wie Sie heute morgen den Brief an den neuen Kunden frankiert haben!« ...), sondern so ein Lob findet seinen sinnvollen Platz in einem Anerkennungsgespräch, zum Beispiel mit dem Tenor: »Frau Schmidtke, ich muss sagen, seit acht Monaten machen Sie nun schon diesen Job und zwar absolut vorbildlich: Sie arbeiten so sorgfältig, Tag für Tag, und deshalb weiß ich genau, ich kann mich auf Sie verlassen. Die Zusammenarbeit mit Ihnen macht mir wirklich Freude. Das wollte ich Ihnen einmal sagen, denn ich denke, das ist nicht selbstverständlich!«

Wie kritisiert man ohne zu kränken?

Um kein Missverständnis aufkommen zu lassen: Natürlich muss und soll eine Führungskraft ihre Mitarbeiter auf Fehler hinweisen und Verhalten kritisieren. Das gehört zu ihrer Aufgabe als Führungskraft. Täte sie das nicht, wäre sie eine schwache Führungskraft. Aber hin und wieder lohnt es sich darüber nachzudenken, ob das Verhältnis zwischen Lob und Kritik noch stimmt. Oder sich klarzumachen, dass Kritik bei weitem nicht so schnell verdaut wird wie ein Lob. Man braucht übrigens nicht zu befürchten, dass der Mitarbeiter überheblich wird – das ist höchstens ein Übergangsstadium.

Wir alle möchten Spuren hinterlassen, wollen bemerkt und anerkannt werden. Und deshalb sollte eine Führungskraft erlauben, dass sich ihre Mitarbeiter durch ihre Leistung hervortun!

Sinnvoll sind auch Fragen, die das Augenmerk der Mitarbeiter auf deren Kompetenzen legen: »Worauf sind Sie besonders stolz?«, »Was hat gut geklappt?« etc. – Nie vergessen: »Eigenlob stimmt!« Sabine Asgodom hat ein ganzes Buch mit diesem Titel versehen [42]. Und jede Führungskraft wird eine ganz typische Erfahrung machen, wenn sie ihren Mitarbeitern mit diesem Satz die übliche Scham nimmt, Positives über sich zu erzählen: Sie werden ungläubig, aber dankbar lächeln – und es wird ihnen etwas einfallen …

Was aber, wenn der Mitarbeiter die Anerkennung scheinbar nicht annehmen will? Wenn es ihm sichtbar unangenehm ist, er vielleicht sogar barsch reagiert?

- *In einem ersten Schritt kann man sich dann fragen, ob es evtl. daran liegen könnte, dass der Mitarbeiter einen als Führungskraft nicht wirklich akzeptiert und ob vielleicht das Verhältnis gestört ist.*
- *Zweitens kann man sich fragen, ob das Lob konkret genug war, sich auf eine bestimmte Situation bezogen hat, so dass eindeutig klar ist, worüber man gesprochen hat.*
- *Drittens kann man den Mitarbeiter fragen (aber bitte lächelnd – und nicht beleidigt, weil er das schöne Lob nicht dankbar angenommen hat), wie er selbst denn seine Leistung findet und worauf er denn stolz ist.*
- *Viertens – sofern da immer noch nichts kommt – sollte man sich klar machen, dass dieser gehemmte Umgang mit Lob vermutlich eine Geschichte hat, die ihren Ursprung weit vor dem Eintritt ins Unternehmen fand, nämlich in der Kindheit des Mitarbeiters. Daran kann man heute nicht viel ändern.*
- *Und fünftens – platt gesagt: Es gilt, sich (im Interesse anderer Mitarbeiter) nicht entmutigen zu lassen! Vielleicht hilft es, davon auszugehen, dass er sich heimlich im stillen Kämmerlein trotzdem freut …*

Psychologische Grundvoraussetzung dafür, dass jemand überhaupt andere lobt, ist, dass er mit sich selbst im Reinen ist. Wer von sich selbst gerade glaubt, er würde seinem Job nicht gerecht, wird das Positive im Verhalten seiner Mitarbeiter kaum würdigen. Und hier sehen wir wieder, dass der wichtigste Mensch im Leben einer Führungskraft die Führungskraft selbst ist und dass es für eine gute Führungstätigkeit unerlässlich ist, dass man sich selbst o.k. findet: Wer selbst glaubt, zu kurz zu kommen, wird Mitarbeitern kaum über das geforderte Beurteilungsgespräch hinaus Anerkennung zugestehen. Jede Führungskraft muß für sich selbst ein Maß finden, dass ihren Mitarbeitern zugute kommt, aber auch zu der eigenen Persönlichkeit passt.

Und natürlich muss eine Führungskraft auch kritisieren. Kritik ist für niemanden schön, ganz klar. Aber die meisten Menschen sind relativ aufgeschlossen, wenn sie beim Gegenüber eine Wertschätzung ihrer Person wahrnehmen. Nur wenn sie sich als Person geringgeschätzt fühlen, machen sie dicht. Dann ist der Mitarbeiter eher angespannt bis verkrampft, hat ein rotes Gesicht, zittert vielleicht oder atmet heftiger. Solange man so etwas beobachtet, kommt die Botschaft nicht an, denn der Mitarbeiter ist nicht aufnahmebereit. Hier muss zunächst auf der Beziehungsebene wieder angesetzt werden: Die Führungskraft muss klarmachen, dass es ihr nicht um Kritik an der Person geht, sondern an deren Verhalten. Wenn sich die Führungskraft »ansonsten« gut mit dem Mitarbeiter versteht und das Verhältnis zwischen beiden stimmt, fällt es wahrlich leichter, auszudrücken, was einem nicht gefallen hat.

Manche Vorgesetzte verstehen unter Kritik ein Anschnauzen vor Publikum. Diese Form der Kritik widerspricht allen Regeln des gesunden Miteinanders: Die Person und damit ihr Selbstbewusstsein wird angegriffen. Die Kritik ist nicht konstruktiv, wenn nicht gesagt wird, was der Mitarbeiter genau in Zukunft anders machen soll. Der Mitarbeiter wird sich aber nicht trauen danach zu fragen.

Siehe auch Leitlinie »Anerkennung geben« auf Seite 172

Das Selbstwertgefühl des Mitarbeiters darf nicht angegriffen werden, denn erstens tut das dem Mitarbeiter nicht gut, und zweitens ist kein wirkliches Gespräch möglich, weil der Mitarbeiter nicht offen ist.

Wer unsicher ist, ob sein Mitarbeiter vielleicht eingeschnappt reagieren wird, wenn er ihn kritisiert, der sollte mit einem konkreten Lob für einen konkreten Vorfall oder mit einer Geste der Wertschätzung starten (»Übrigens, die Unterlagen über das neue Verfahren sind gerade reingekommen; die können Sie gleich mitnehmen, Sie waren doch so interessiert daran!«) – so stabilisiert man das Selbstwertgefühl des Mitarbeiters, er fühlt sich als Mensch wertgeschätzt. Danach erst folgt die Kritik. Aber Achtung: Man sollte sich vor diesem Vorgehen hüten, wenn man dem Mitarbeiter schon seit ewigen Zeiten keine Anerkennung mehr ausgesprochen hat! Dann wird sich nämlich schnell rumsprechen: »Der Chef sagt einem doch immer bloß deshalb ein gutes Wort, damit er einen direkt danach in die Tonne treten kann!«

> Siehe auch Checkliste: »Richtig kritisieren« auf Seite 174

Wie lassen sich Belastungen reduzieren und Ressourcen fördern?

Zunächst sollte sich jede Führungskraft um eine Reduzierung von Belastungen durch eine Verbesserung der Arbeitsorganisation bemühen – indem sie die Mitarbeiter fragt, wo diese Verbesserungsmöglichkeiten sehen. Man sollte die Vorschläge der Mitarbeiter ernst nehmen, denn sie sind die Experten für ihre Arbeitssituation!

Natürlich lassen sich trotzdem nicht alle Belastungsfaktoren ausschalten, was ja auch gar nicht sinnvoll wäre. Aber eine Führungskraft kann das Belastungspotenzial reduzieren, indem sie gerade im Stress das Selbstwertgefühl des Mitarbeiters stärkt. Do care! – Das heißt auch: Dafür sorgen, dass der Mitarbeiter sich selbst gut findet! Wer mit Selbstvertrauen an die Arbeit geht, wird auch unter Zeitdruck nicht konfus oder konzeptlos.

Sinnvoll ist es auch, hinsichtlich des Zeitrahmens, der für die Erledigung einer Aufgabe vorgegeben ist, bereits zu Beginn klare Angaben abzusprechen, damit sich der Mitarbeiter darauf einstellen kann.

Kleiner Exkurs zur Gesundheitspsychologie

Der Medizinsoziologe Aaron Antonovsky hat herausgefunden, dass das so genannte Kohärenzgefühl Menschen auch unter widrigen Umständen gesund erhalten kann und damit eine sehr wichtige Ressource darstellt. Dieses wird genährt durch drei Aspekte, die sich – übertragen auf Maßnahmen zur Care-Culture – auch durch die Führungskräfte gewährleisten lassen [4]:

1. *Verstehbarkeit/Durchschaubarkeit*
2. *Handhabbarkeit*
3. *Sinnhaftigkeit.*

zu 1. Eine Sache verstehbar/durchschaubar machen meint z. B.:
- *Informationen geben*
- *Mitarbeiter in Planung einbeziehen*
- *kommunizieren.*

zu 2. Eine Sache handhabbar machen meint z. B.:
- *Arbeitsorganisation optimieren*
- *qualifizieren*
- *Ressourcen zur Verfügung stellen (Geld, Zeit, Arbeitsmittel, Entscheidungsspielraum)*

zu 3. Eine Sache sinnhaft machen meint z. B.:
- *wieder: Informieren über betriebliche Belange*
- *klar machen: Ihr seid ein Teil des Ganzen (wird glaubwürdig nur durch Partizipation!)*

Siehe auch Leitlinien und Checkliste zur gesundheitsgerechten Mitarbeiterführung ab Seite 168

Im Rahmen ihrer Möglichkeiten sollten Führungskräfte die drei Facetten dieser wichtigen Ressource im Blick behalten.

Was kann eine Führungskraft für das Betriebsklima und die Stimmung tun?

Eine Führungskraft kann wesentlich mit dazu beitragen, dass die Stimmung stimmt und ein angenehmes Klima herrscht. Viele Vorgesetzte sind zwar der Ansicht: Wer mit Spaß bei der Sache ist, der nimmt sie nicht ernst genug. Das ist aber sehr schade! Gerade für Dienstleistungsunternehmen ist die positive Ausstrahlung des Unternehmens und die gute Stimmung der Beschäftigten überlebenswichtig: Sie überträgt sich auf den Kunden und entscheidet damit über die Wettbewerbsfähigkeit.

Man sollte also dafür sorgen, dass den Mitarbeitern nicht das Lachen vergeht, und gute Laune verbreiten, denn die steckt nachweislich an! Humor trägt wesentlich zu einem offenen, angstfreien Arbeitsklima bei und stellt damit eine stark unterschätzte Führungskompetenz dar, die für eine bessere Unternehmenskultur sorgt. So schult etwa die South Western Airlines ihre Piloten darin, Witze zu erzählen. Die Firma Kodak bietet ihren Mitarbeitern Humorräume, in denen in den Pausen witzige Filme zu sehen sind. Und Rolls Royce in Deutschland verordnete seinen Führungskräften ein Lachtraining [44].

Dahinter steht das Wissen um folgende Zusammenhänge: Lachen verbindet; es dient der Stressbewältigung, da man sich im Moment des Lachens von der Situation und sich selbst distanziert; gemeinsames Lachen fördert den Zusammenhalt im Team; Lachen entkrampft und macht den Kopf frei für kreative Einfälle. Heiterkeit sorgt für Lust zur Arbeit. Zudem ermöglicht sie durch die distanzierte Betrachtung, einen liebevolleren Blick auf sich selbst und auf andere zu werfen.

Zwei kalifornische Forscher untersuchten die Wirkung des Lachens. Sie ließen eine Stunde lang Versuchspersonen witzige Videos anschauen, während die Kontrollgruppe sich anderweitig beschäftigte. Bei der Lachgruppe ließen sich eine Zunahme der körpereigenen Glückshormone und eine Abnahme der Stresshormone (Adrenalin und Cortisol) beobachten; außerdem wurde das Immunsystem gestärkt: Die T-Zellen, sozusagen

unsere natürlichen Killerzellen, nahmen an Anzahl und Aktivität zu [45].
– Fazit: Lachen ist gesund!

Die Wirkungen von Humor sind vielfältig:
- *Humor sorgt für einen gesunden Perspektivenwechsel: Was nicht mehr bierernst genommen wird, belastet weniger*
- *Humor sorgt für eine menschliche Atmosphäre im Unternehmen*
- *Humor dient der Konfliktprävention: Wer gemeinsam lachen kann, geht Projekte weniger verbissen an*
- *Sich selbst nicht so wichtig nehmen – das macht menschlich und sympathisch*
- *Humor erleichtert den Umgang mit Rückschlägen*
- *Humor schweißt ein Team zusammen: Es verbindet, wenn man über dieselben Sachen lachen kann*
- *Humor entspannt und entstresst, denn er vergrößert die Distanz zum Problem: Man steckt nicht mehr mittendrin im Problemwust, sondern betrachtet das Ganze für einen Moment von außen*
- *Humor und Heiterkeit stecken an: Ein gutgelaunter Chef strahlt etwas aus, so dass die Wahrscheinlichkeit steigt, dass auch die Mitarbeiter gut gelaunt sind. Und das wiederum wirkt sich auch auf die Kunden aus – ein Positivkreislauf.*

Gemeint ist hier natürlich nicht das grölende Sich-auf-die-Schenkel-Hauen, sondern vor allem das leichte Schmunzeln und die gute Laune. Es lohnt sich darauf zu achten, wie oft man lächelt! Vielleicht lassen sich noch mehr positive Aspekte am Arbeitsplatz entdecken, die ein Lächeln wert sind. Allerdings sollte das Lächeln unbedingt echt sein (es wirkt zwar angeblich auch Glückshormon ausschüttend, wenn einfach ganz bewusst die Mundwinkel hochgezogen werden, aber das dürfte doch wohl eher eine Übung fürs stille Kämmerlein sein und nicht fürs Büro), damit es anstecken kann; eine permanent zur Schau gestellte Lächel-Maske wird schnell als unecht entlarvt und damit auch als unangenehm empfunden.

Und natürlich darf eine Führungskraft auch einmal schlechte Laune haben und diese auch zeigen. Aber wenn ich als Mitarbeiter nicht weiß, dass mein Chef aufgrund seiner derzeitigen Ehekrise so grimmig guckt, werde ich seine Miene auf mich beziehen, den Kopf einziehen und mich fragen, was ich falsch gemacht habe; ich werde ängstlich und gehemmt an meine Arbeit gehen und mehr Fehler machen als sonst üblich.

Darum sollte eine Führungskraft ruhig mit einem Satz ihren Seelenzustand erklären, wenn sie befürchtet, dass sie ihren Groll an der falschen Stelle zeigt. Das soll nicht heißen, dass sie ihre Mitarbeiter in ihre Eheprobleme einweiht, sondern dass sie kurz anmerkt: »Oh, nehmen Sie mir meine Laune nicht übel, heute ist einfach nicht mein Tag!« – Sie kann sicher sein, das wird ihr keiner ihrer Mitarbeiter als Zeichen von Schwäche auslegen, sondern im Gegenteil: Dass sie solche Stimmungen offen zugeben kann, macht sie menschlich und sympathisch. Und falls im Laufe eines solchen Tages doch einmal ein motziges Wort über ihre Lippen kommt, wird das der betroffene Mitarbeiter nicht als persönliche Kränkung auffassen, sondern Nachsicht walten lassen.

Dass bei einem schlechten Betriebsklima Rückenschmerzen häufiger auftreten, als wenn die Stimmung stimmt, war in Kapitel 2 zu lesen. Weniger bekannt ist, dass auch zwischen Betriebsklima und Unfallzahlen ein enger Zusammenhang besteht. Dass sich das Betriebsklima auf die Arbeitszufriedenheit und damit auf die Produktivität – gerade im Dienstleistungssektor – auswirkt, ist inzwischen allgemein bekannt.

> Leitlinie »Für ein gutes Betriebsklima sorgen« auf Seite 176

Ein schlechtes Betriebsklima ist zudem der beste Nährboden für Mobbing. Wer die Care-Prinzipien mit Leben füllt, wird automatisch dem Mobbing den Garaus machen. Und natürlich gehört auch die Prävention von Mobbing zur gesundheitsgerechten Mitarbeiterführung, denn Mobbing verursacht ernsthafte gesundheitliche Störungen und Erkrankungen. Man weiß, dass in der Hälfte der Fälle der Vorgesetzte aktiv am Mobbing beteiligt ist! Dass man damit dem Betriebsklima schadet, liegt auf der

Hand. Auch wenn die Führungskraft selbst unbeteiligt ist: Raushalten gilt nicht! Eine Führungskraft muss den Störenfrieden im Team die Grenzen aufzeigen! Jedes Wegschauen oder Dulden wäre ein Zeichen von Führungsschwäche!

Siehe auch Leitlinie »Mobbing-Prävention« auf Seite 176

Hierzu ist empfehlenswert: »Mobbing – Kostspielige Kränkungen am Arbeitsplatz« von Renate Schauer, erschienen in der Universum Verlagsanstalt.

Warum soll eine Führungskraft sich »durchschaubar« machen?

Offenheit und Durchschaubarkeit des Vorgesetzten werden in ihrer Bedeutsamkeit für das Wohlbefinden der Mitarbeiter häufig unterschätzt, wie auch das folgende Fallbeispiel belegt.

Rudi Arglos berichtet in einem Stressbewältigungsseminar, dass er nie wisse, ob er es seinem Vorgesetzten Recht mache: »Bei dem weißt du nie, woran du bist! Kann sein, dass der gerade zufrieden ist; kann aber auch sein, dass der dich für den letzten Blödmann hält. – Das siehst du aber nicht. Der guckt immer gleich aus der Wäsche.«

Wohl jeder Leser kennt jemanden, der stets Haltung bewahrt, immer steif und mit durchgedrückten Knien da steht, nur oberflächlich atmet, nie das Gesicht verzieht, dessen Körpersprache zu sagen scheint: »Ich bin eine Festung, an mich kommt niemand dran!« Es gibt Vorgesetzte, die sogar in der Kantine in der Schlange stets die Arme vor der Brust gekreuzt halten, sich im Stechschritt bewegen und sich anscheinend möglichst undurchschaubar machen möchten. Allerdings sagen sie gerade damit viel über sich aus.

Die Sprache des Gesichts versteht man überall auf der Welt: Ein Lächeln ist Ausdruck von Friedfertigkeit, Freundlichkeit, Wohlbefinden –

überall. Die Mimik ist wesentlich eindeutiger als das gesprochene Wort. Und zwar in beide Richtungen: Jeder beherrscht sie, und jeder versteht sie. Dennoch gilt es häufig als unschick, seinen Gefühlen auch mimisch Ausdruck zu verleihen. Gesund ist das nicht: Psychosomatische Erkrankungen sind häufiger bei den Menschen anzutreffen, die ihren Emotionen keinen Ausdruck verleihen.

Wie wichtig es für uns Menschen ist, zu wissen, woran wir bei jemandem sind, zeigt sich immer dann, wenn jemand in einer Gruppe neu ist: Wer zwar teilnimmt am Gruppengeschehen, aber nichts über sich preisgibt, wird nach kurzer Zeit mit Misstrauen betrachtet. Die anderen werden vorsichtiger, das Klima angespannt. Und auf der anderen Seite: Je mehr jemand von sich und seinen Einstellungen, Gefühlen, Ansichten preisgibt, desto mehr glauben wir ihn zu kennen und desto unbefangener können wir uns ihm gegenüber verhalten. Führungskräfte sollten es ihren Mitarbeitern leicht machen, indem sie sich eindeutig verhalten: Sie sagen, was sie meinen, und sie meinen, was sie sagen! Sie lassen ihre Leute nicht raten und interpretieren, was sie wohl gemeint haben könnten.

Der Sprachinhalt, den die meisten Menschen ja für das Wichtigste halten, macht de facto nur sieben Prozent der Kommunikation aus – die Art und der Ausdruck der Sprache (Tonfall, Stimmlage etc.) bestimmt die Botschaft zu 38 Prozent und die Körpersprache zu 55 Prozent. Daher gilt, wenn man nicht nur offen und ehrlich ist, sondern auch so wirken will: Eindeutigkeit ist gefragt. Dazu gehört auch, dass Körpersprache, Tonfall und Inhalt des Gesagten übereinstimmen. »Das haben Sie super hingekriegt!« wirkt mit ernstem Gesichtsausdruck nur halb so intensiv. Und wenn man sich über das Verhalten eines Mitarbeiters ärgert, sollte man diesen Ärger auch nicht in Stimme und Gesichtsausdruck zu verbergen suchen – stattdessen gilt es, auf allen Informationskanälen zu zeigen, dass man tatsächlich verärgert ist!

Siehe auch Leitlinie »Für Klarheit sorgen« auf Seite 177

Wie führt man Gespräche konstruktiv und lösungsorientiert?

Grundregel: Wer das Sagen hat, sollte möglichst wenig sagen! Daher gilt: Führen durch Fragen! Auch dann, wenn man selbst am besten zu wissen glaubt, wie man eine Sache angehen soll! Das widerspricht nach meiner Beobachtung dem Ego vieler Vorgesetzter, aber: Durch Fragen beziehen sie den Mitarbeiter in die Arbeit ein, sie erkennen seine Kompetenz an und bereiten die Delegation von Aufgaben vor. Das tut nicht nur dem Mitarbeiter gut, es kann auch die Lösungsfindung der Führungskraft bei Problemen bereichern. Gesprächsführung heißt Fragen, Fragen, Fragen!

Ganz wichtig ist dabei: Nicht nur fragen, sondern auch zuhören! Das fällt vielen Führungskräften, auch den besten, oft extrem schwer. Sie sind es so sehr gewohnt, der aktive und dominierende Gesprächspartner zu sein, dass sie manchmal sogar merklich unruhig auf dem Stuhl hin- und herrutschen, wenn der andere redet – und dieser andere eben kein Kunde, sondern der Mitarbeiter ist.

> Siehe auch Selbstcheck »Fragen im Gespräch« auf Seite 163

Wenn Probleme auftreten, gibt es grundsätzlich zwei Arten der Herangehensweise – das gilt für den Bereich des Führungsverhaltens genauso wie in der Psychotherapie oder bei Ehestreitigkeiten:

- *die problemorientierte Vorgehensweise und*
- *die lösungsorientierte Vorgehensweise.*

Die problemorientierte Vorgehensweise fragt nach dem Warum und nach der Entstehungsgeschichte des Problems (»Woran liegt es?«, »Warum verhält er/sie sich so?«). Dahinter steht die Hypothese, dass man nur dann ein Problem lösen kann, wenn man seine Ursachen erforscht hat. Eine Gefahr liegt darin, dass Vorwürfe gemacht werden, beziehungsweise die Frage »Warum (haben Sie den Vertrag noch nicht rausgeschickt?)« als Vorwurf verstanden wird, auch wenn sie nicht so gemeint ist.

Vorwürfe sind weit verbreitet – obwohl ihnen bis heute keine Erfolge nachgewiesen werden konnten. Sie wirken nicht im gewünschten Sinne. Ihre einzige Wirkung besteht darin, dem anderen ein schlechtes Gefühl zu geben. Aber sie zeigen keine Lösungen auf. Und meistens erfolgen sie in der Missgeschickssituation selber, also viel zu früh. Zu der Schande, einen Fehler gemacht zu haben, kommt dann noch die Beschämung durch den anderen. Und der »Vorwerfende« selber fühlt sich auch nicht besser, wenn er solchermaßen seinem Ärger Luft macht. Sinnvoller wären nüchtern vorgeschlagene Verbesserungsideen fürs nächste Mal – und zwar nicht in der Situation als solcher, sondern erst später, wenn auch der »Missgeschickte« sich wieder etwas erholt hat und zur Ruhe gekommen ist.

> Siehe auch Leitlinie »Konstruktive Gesprächsführung« auf Seite 178

Zusammenfassung: Was macht eine gesundheitsgerechte Mitarbeiterführung aus?

Gesunde Führung bedeutet in einem ersten Schritt regelmäßige Reflexion über das eigene Führungsverhalten: »Wie gehe ich eigentlich mit meinen Leuten um?« und »Wie gehen eigentlich meine Leute mit mir um?«

Aus einer gesunden Einstellung und dem damit einhergehenden Blick auf den Mitarbeiter ergeben sich viele der in dieser Übersicht genannten Verhaltensweisen gesundheitsgerechter Mitarbeiterführung wie von selbst. Letzten Endes geht es bei all dem hier Genannten um mehr Menschlichkeit im Betrieb. Und um so alte Prinzipien wie »Was du nicht willst, das man dir tu, das füg' auch keinem andern zu«.

Und der wichtigste Faktor dabei: die Führungskraft selbst! Sie ist immer dann am besten, wenn sie ist, wie sie ist. Wenn sie sich nicht verstellt, wenn sie einfach echt und natürlich ist. Dazu möchte dieses Buch Mut machen. Niemand sollte Angst davor haben, auch nur ein Mensch zu sein und das auch zu zeigen! Es macht sympathisch. Und wer sich selbst gut findet, so wie er ist, der wird auch mit anderen wohlwollend und interessiert umgehen. Der Arrogante, der Besserwisser, der Ironische – die sind nicht wirklich von sich selbst überzeugt; denn dann hätten sie es ja nicht nötig, den Gesprächspartner abzuwerten, um so selbst besser dazustehen. Solche Strategien benutzen nur Menschen, die sich selbst nicht o.k. finden.

Die sechs Care-Prinzipien als Grunddimensionen gesundheitsgerechter Mitarbeiterführung:

👁 *Interesse und Aufmerksamkeit: Heute schon Kontakt gehabt?*

👍 *Anerkennung / Lob: Heute schon gelobt?*

🌴 *Belastungsabbau/ Ressourcenaufbau: Heute schon »Urlaub« gemacht?*

☺ *Klima / Stimmung: Heute schon gelächelt?*

ⓘ *Transparenz / Durchschaubarkeit: Heute schon für Klarheit gesorgt?*

❓ *Gesprächsführung/ Kommunikation: Heute schon gefragt?*

Wer sich diese sechs Grunddimensionen und ihre oben genannten Einzelmerkmale anschaut, wird feststellen, dass er vieles schon immer aus dem Bauch heraus gemacht hat! Und das war genau richtig. Führung braucht Gefühl. Stefan Klein hat in seinem Buch »Die Glücksformel« deutlich gezeigt, dass der Verstand ohne das Gefühl den Menschen in den Abgrund führen würde [18].

Siehe auch »Cube of Care« auf Seite 151

Wenn der Schuh drückt … 9
Umgang mit bereits belasteten Mitarbeitern

Umgang mit bereits belasteten Mitarbeitern

Dieses Kapitel beantwortet folgende Fragen:
- *Was sollte eine Führungskraft tun, die belastete Mitarbeiter im Team hat?*
- *Wo liegen die Grenzen der Führungskraft?*

Was sollte eine Führungskraft tun, die belastete Mitarbeiter im Team hat?

Einer von Karl Krankmachers Mitarbeitern hat seit anderthalb Jahren Durchfall, sobald er arbeitet. Im Urlaub ist das Symptom verschwunden, Freitagabend hört der Durchfall langsam auf, Sonntag morgen setzt er wieder ein. In organischer Hinsicht ist alles in Ordnung, wie eine gründliche ärztliche Diagnostik ergab. Die Schwierigkeiten führen dazu, dass der Mitarbeiter nicht mehr im Außendienst eingesetzt werden möchte. Der Mitarbeiter spricht Karl deswegen an, nennt jedoch keine Gründe für seinen Wunsch. Karl entspricht diesem Wunsch. Karl weiß zwar, dass der Mitarbeiter auch am Arbeitsplatz extrem häufig das WC aufsucht und dass die anderen Mitarbeiter hierüber schon einmal Witze machen, da ihm aber das Ansprechen des Themas peinlich ist, unterlässt er es.

Das Problematische am Verhalten des Vorgesetzten liegt im Nicht-Verhalten, beziehungsweise – da man sich ja »nicht nicht-verhalten« kann – im

Was sollte eine Führungskraft tun, die belastete Mitarbeiter im Team hat?

Nicht-Ansprechen der Gründe des Mitarbeiters. Jeder Vorgesetzte hat es früher oder später einmal mit besonders belasteten Mitarbeitern zu tun. Körperlich oder psychisch belastete Mitarbeiter stellen die Führungskräfte häufig vor ungewohnte Herausforderungen. Oft weiß der Vorgesetzte nicht, wie er mit den Erkrankten umgehen soll, da er das Krankheitsbild nicht kennt oder den Mitarbeiter gar für einen Simulanten hält. Besonders belastend ist es für den Mitarbeiter, wenn keine organische Ursache für die Beschwerden ermittelt werden konnte. Dann schweigt er in der Regel am Arbeitsplatz über die Beschwerden, denn er fühlt sich abgestempelt, in die Psychokiste abgeschoben und unverstanden. Bisweilen sieht er sich zudem dem Spott der Kollegen ausgesetzt. In einer solchen Situation ist es für eine Führungskraft wichtig zu wissen, wie sie mit dem Mitarbeiter und seiner Erkrankung – sei diese nun psychischer oder physischer Natur – umgehen soll.

Aus Unwissenheit schrecken viele Vorgesetzte vor einem Ansprechen des Themas zurück. Sie hoffen, dass es sich schon von allein legen wird und schweigen. Leistungseinbußen werden ebenso stillschweigend hingenommen, bisweilen auch gedeckt und gegenüber anderen verteidigt: »Ihm geht's nicht so gut – ihr wisst doch ...!« Geholfen ist mit dieser Taktik niemandem, auch nicht der Führungskraft selbst, die schließlich auch ihre eigenen Aufgaben und Zielvorgaben zu erfüllen hat.

Nun laufen die Mitarbeiter in der Regel nicht mit einem Schild um den Hals herum, »Ich bin depressiv«, »Ich habe eine chronische Schmerzerkrankung« oder »Ich bin hoch verschuldet«. Solche Probleme muss die Führungskraft normalerweise erschließen. Es stellt sich also die Frage: Woran erkenne ich, ob einer meiner Mitarbeiter sich in einer belastenden Situation befindet?

> Siehe auch Leitlinie »Konstruktive Gesprächsführung« auf Seite 178

Die Aufgabe der Führungskraft ist es, die Auffälligkeiten des Mitarbeiters in Bezug auf seine (arbeits-)vertraglichen Pflichten zu erfassen. Der Anlass für ein Gespräch mit dem Mitarbeiter sollten daher ausschließlich die – für die Führungskraft unverständlichen – Veränderungen im Verhalten des Mitarbeiters sein.

Deutlich wird: Solche Veränderungen kann ich in der Regel nur dann erkennen, wenn ich weiß, wie mein Mitarbeiter »sonst« ist und arbeitet. Der Vergleich setzt voraus, dass ich auch vorher schon bewusst und aufmerksam einen Blick für meine Mitarbeiter, ihr Aussehen und ihr Verhalten gehabt haben muss.

Und: Einer aufmerksamen Führungskraft , die sich um das Wohlergehen ihrer Mitarbeiter sorgt, kann es auch passieren, dass der eine oder andere auch von sich aus das Gespräch sucht. Dies gilt insbesondere für körperliche Erkrankungen. Bei psychischen Erkrankungen wie Depressionen oder Ängsten dürfen wir nicht erwarten, dass die Mitarbeiter sich uns von sich aus öffnen. Gleiches gilt, wenn ein Mitarbeiter nicht über die Art seiner körperlichen Erkrankung sprechen möchte. Schließlich sind eine ganze Reihe von Krankheiten denkbar, von denen niemand etwas wissen soll (Geschlechtskrankheiten, Krebserkrankungen, Psychosen, Epilepsien etc.) – sei es, dass der Mitarbeiter die Diagnose selbst noch nicht verarbeitet hat, sei es, dass er kein Mitleid möchte, sei es, dass er sich für die Krankheit schämt. Ebenfalls nicht vergessen: Der Mitarbeiter ist natürlich rechtlich nicht verpflichtet, den Vorgesetzten über seine Diagnose zu informieren.

Siehe auch Checkliste »Veränderungen/Auffälligkeiten bei Mitarbeitern auf Seite 179

Die Aufgaben einer Führungskraft im Umgang mit einem belasteten Mitarbeiter [17]:
- *Veränderungen (s.o.) wahrnehmen*
- *das Gespräch hierüber suchen (Leitfaden hierzu s.u.)*
- *betriebliche Belastungsquellen aufspüren*
- *Lösungen suchen, gemeinsam mit dem Mitarbeiter*
- *Kontakt zu unterstützenden Kooperationspartnern suchen (Betriebsarzt, Sozialberatung)*

Das – und mehr nicht – sind die Aufgaben im Umgang mit belasteten Mitarbeitern. Wenn die Konzentrations- oder Arbeitsfähigkeit aufgrund von schwierigen privaten Situationen (ein schwerer Unfall oder Verlust eines Angehörigen beeinträchtigt ist, gehört es ebenfalls zur Fürsorgepflicht, dass die Führungskraft tätig wird – etwa indem sie zusätzliche Urlaubstage gewährt. Natürlich kann man über die in der Liste genannten Punkte hinaus mehr tun und etwa stärker unterstützend tätig werden – aber dabei sollte man sich bewusst sein, dass man in dem Moment nicht als Führungskraft agiert, sondern dass man das tut, weil man Christ (oder Moslem, Buddhist etc.) ist oder weil man einfach ein guter Mensch ist, oder weil der Mitarbeiter einen an den kleinen Bruder erinnert oder so ähnlich. Das sind zwei Paar Schuhe. Und es ist wichtig, für sich selbst getrennt zu halten, wann man in welcher Eigenschaft tätig ist, damit man sich nicht in seinem Job als Führungskraft überfordert und verausgabt.

Zudem tragen Vorgesetzte ja nicht nur für jeden einzelnen Mitarbeiter, sondern auch für das Team und dessen Leistung die Verantwortung. Wenn ein Mitarbeiter besonders belastet ist, kann dies in Bezug auf das Team zu Problemen führen.

Die Aufgaben einer Führungskraft im Umgang mit dem Team:
- *In der Regel wissen die Kollegen eher und umfassender über die Belastungen des Kollegen Bescheid als die Führungskraft. Wenn es einmal umgekehrt sein sollte, hat der Mitarbeiter dafür sicher seine Gründe: Führungskräfte dürfen niemals, auch nicht in Andeutungen, den anderen gegenüber preisgeben, was er ihnen anvertraut hat. Natürlich erleichtert es ihnen die Sache, wenn sie die Gründe für vermehrte Fehlzeiten des Mitarbeiters offen legen dürfen, und sie werden auf mehr Verständnis bei den anderen Mitarbeitern stoßen. Aber wenn es der Betroffene nicht wünscht, können sie nichts tun.*
- *Natürlich können sie, z. B. im Falle von zusätzlichen Diensten, die Kollegen nun übernehmen müssen, um Verständnis bitten – aber eben nur in allgemeiner Form, etwa: »Jeder von Ihnen kann sich Situationen vorstel-*

len, in denen er nicht voll einsatzfähig ist. Bei dem Kollegen Arglos ist das jetzt der Fall und ich bitte da um Ihr Verständnis, wenn das für Sie zu einer vorübergehenden Mehrbelastung führt.«
- *Wenn der Betroffene offen über seine Belastung (z. B. seine Erkrankung) sprechen kann, ist es sinnvoll, hierüber zu informieren – etwa durch schriftliches Informationsmaterial oder durch ein gemeinsames Gespräch oder eine Informationsveranstaltung, etwa über das Thema Depression oder »Schmerzerkrankung«, z. B. mit dem Betriebsarzt oder der Sozialberatung als Experten. Dabei soll es weniger um die medizinischen Hintergründe gehen als vielmehr darum, sich besser in die Lage des Betroffenen hineinversetzen zu können.*
- *Wenn es zur Lagerbildung im Team gekommen ist (manche Kollegen stehen dem belasteten Mitarbeiter zur Seite, andere sind gegen ihn): Eine Führungskraft sollte ansprechen, was ihr aufgefallen ist, aber ohne von sich aus den belasteten Mitarbeiter ins Spiel zu bringen. »Mir ist aufgefallen, dass es hier im Team zwei Lager gibt. Das stört mich, denn in dieser Atmosphäre ist kein gutes Arbeiten möglich. Ich möchte, dass wir etwas unternehmen, damit die Stimmung wieder stimmt. Was schlagen Sie vor?« Sie sollte nichts von sich aus anordnen, sondern in einem ersten Schritt durch das Team Vorschläge erarbeiten lassen. Dazu sollte sie auch gezielt fragen nach dem, was gut läuft und worauf das Team als Gruppe aufbauen kann, denn eine positive Blickrichtung sorgt für konstruktivere Lösungsvorschläge! Sinnvoll sind auch gemeinsame Unternehmungen oder Aufträge, bei denen sich die Lager neu mischen müssen!*
- *In der Regel sind nicht nur die Leistungen des Betroffenen reduziert, sondern in der Folge auch die des gesamten Teams, d.h. auch die Zielerreichung der Abteilung sowie die eigene Zielerreichung der Führungskraft sind unter Umständen gefährdet. In diesem Fall ist es wichtig, dass genau dokumentiert wird, welche Leistungen (nicht) erbracht wurden.*

Wie sollte man nun im Gespräch mit dem belasteten Mitarbeiter vorgehen? Eine richtige Lösung für alle Führungskräfte im Gespräch mit allen

Mitarbeitern kann es nicht geben. Dazu sind wir Menschen – zum Glück – alle zu verschieden. Es versteht sich von selbst, dass diese Gespräche grundsätzlich nur unter vier Augen geführt werden.

Siehe auch Leitlinie »Gespräch mit belasteten Mitarbeitern« auf Seite 180

Wo liegen die Grenzen der Führungskraft?

Zu den Grenzen der Führungskraft ist zu sagen: Die sind eher erreicht als erwartet. Die Führungskraft ist kein Arzt und erst recht kein Therapeut. Es gilt also, die eigenen Grenzen zu erkennen und gegebenenfalls professionelle Hilfe empfehlen zu können. An erster Stelle sind hier die betrieblichen Sozialberater zu nennen. Sie können häufig selbst weiter helfen. Und sie kennen zum einen die Strukturen des Betriebes (und auch viele Leute persönlich), zum anderen auch außerbetriebliche Ansprechpartner. Gleiches gilt für den werksärztlichen Dienst und für den Betriebsrat. Man sollte sich nicht scheuen, bei Verhaltensveränderungen von Mitarbeitern diese Dienste in Anspruch zu nehmen und die Vertreter zum Beispiel zu gemeinsamen Gesprächen hinzuzuziehen – zuerst aber sollte man natürlich das Gespräch mit dem Mitarbeiter unter vier Augen suchen.

Siehe auch Checkliste »Grenzen der Führungskraft« auf Seite 163

Wo keine Sozialberatung existiert, ist es sinnvoll, sich als Führungskraft selbst schlau zu machen. Es ist empfehlenswert, die Anschriften und Rufnummern einiger wichtiger Beratungs- und Anlaufstellen zu kennen.

Führungskräfte sollten auch darüber informieren können, dass Psychotherapie inzwischen von der gesetzlichen Krankenversicherung bezahlt wird. Das trägt mit dazu bei, das Image der Psychotherapie in der Öffentlichkeit zu verbessern in dem Sinne, dass die Angangshemmung vieler Menschen geringer geworden ist: In Wirklichkeit ist der Anteil der psychotisch Erkrankten in der ambulanten psychotherapeutischen Praxis sehr gering.

Exkurs: Psychotherapie in Deutschland
Psychotherapie wird, als Leistung der gesetzlichen Krankenversicherung, dann bezahlt, wenn sie durch einen ärztlichen oder psychologischen Psychotherapeuten durchgeführt wird und nach einer der folgenden Therapierichtungen erfolgt:
a) Verhaltenstherapie
b) tiefenpsychologisch-fundierte Psychotherapie
c) Psychoanalyse (wird heute eher selten bezahlt)

Während die Verhaltenstherapie versucht, Verhaltensauffälligkeiten und destruktive Gedanken systematisch zu verändern, ist die tiefenpsychologisch-fundierte Psychotherapie – quasi eine Weiterentwicklung der Psychoanalyse – stärker darauf ausgerichtet, die Ursachen der heutigen Probleme zu finden und zum Beispiel zugrundeliegende Konflikte aufzuarbeiten. Für beide Therapierichtungen gilt, dass zunächst einmal bis zu fünf probatorische Sitzungen bewilligt werden, während derer der Patient für sich prüfen kann, ob denn der Draht zum Therapeuten stimmt und ob er ihm Vertrauen entgegen bringen kann. Der Patient hat auch die Möglichkeit, mehrere Therapeuten kennen zu lernen, bevor er sich für eine Therapie entscheidet. Diese Möglichkeit sollte man nutzen, denn schließlich geht es darum, über ein Jahr oder länger mit diesem Menschen zusammen zu arbeiten.
Wenn dann die Entscheidung für einen Therapeuten gefallen ist, wird ein Antrag gestellt, in der Regel über 25 bis 50 Stunden, die meist im wöchentlichen Turnus stattfinden. Eine Sitzung dauert dabei grundsätzlich nur 50 Minuten. Bei beiden Therapierichtungen sitzt man sich übrigens im Sessel gegenüber; die Zeiten der Liege sind vorbei.

Nicht vergessen: Es ist immer ein Zeichen von Führungsstärke, wenn man die eigenen Grenzen erkennt. Wer glaubt, dass er dem Mitarbeiter grundsätzlich etwas Gutes tut, indem er ihn schützt, der irrt: Zu wenig Schutz ist sicherlich schädlich, aber zu viel kann die Inanspruchnahme professioneller Hilfe verzögern und damit zur Verfestigung eines Störungsbildes beitragen (bei süchtigem Verhalten sollte grundsätzlich nie geschützt werden!). Zudem stellt sich immer auch die Frage, inwiefern man sich selbst nicht überfordert.

Mut zum gesunden Egoismus! 10
Self Care für Führungskräfte

Self Care für Führungskräfte

Dieses Kapitel gibt Antworten auf folgende Fragen:
- *Wer ist der wichtigste Mensch im Leben?*
- *Wann beginnt der Rest des Lebens?*

Wer ist der wichtigste Mensch im Leben?

Karl Krankmacher merkt schon seit längerem, dass etwas nicht stimmt: Termindruck, Überstunden, Ärger über seine unfähigen Mitarbeiter, zu viel Kaffee und Zigaretten, abends eine Tiefkühlpizza und ab damit vors Fernsehen, weil ihm für Sport, Spielen mit den Kindern und anderes die Energie fehlt, dann früh ins Bett und trotzdem kann er nicht einschlafen. Hinzu kommt, dass in seiner Ehe immer öfter der Haussegen schief hängt. »Nur noch bis zum wichtigen Termin nächsten Monat, Du weißt schon!« – versucht er sich selbst und seine Frau zum Durchhalten zu bewegen. Sein Tinnitus (Ohrgeräusch) ist wieder lauter geworden in den letzten Wochen. Zwei Tage vor dem wichtigen Termin bricht er zusammen und findet sich im Krankenhaus wieder.

Der Vorgesetzte in dem Beispiel behandelt sich selbst vermutlich noch schlechter als seine Mitarbeiter. Er versucht das Letzte aus sich herauszuholen – ohne Rücksicht auf Verluste. Und irgendwann rächt sich dass, und er muss einen hohen Preis dafür bezahlen. Dabei hat er grundsätzliche Lebensweisheiten vergessen, wie sie zum Beispiel in dem spanischen Sprichwort zum Ausdruck kommen:

Ein Mann, der zu beschäftigt ist,
sich um seine Gesundheit zu kümmern,
ist wie ein Handwerker, der keine Zeit hat,
seine Werkzeuge zu pflegen.

Wie lautet eigentlich die Antwort auf die Eingangsfrage zu diesem Kapitel? Die Antwort ist im Grunde einfach, auch wenn sich viele damit schwertun: Ich bin der wichtigste Mensch in meinem Leben! »ICH«! Das heißt natürlich nicht, dass wir alle zu hemmungslosen Egoisten werden sollen. Aber es bedeutet, immer wieder einmal in sich hineinzuhorchen und -zuspüren, wie es einem geht. Weil jeder für sich selbst das wichtigste Potenzial ist. Und wenn es jemandem psychisch oder körperlich nicht gut geht – wie will er dann gute Arbeit leisten, seine Mitarbeiter motivieren, seine Kunden positiv ansprechen usw.?! Das ist kaum denkbar. Daher ist es auch aus wirtschaftlicher Sicht absolut gerechtfertigt, wenn man gut für sich sorgt ... Es ist sogar ein Muss!

Wer ständig gestresst und mies gelaunt ist, liefert ein negatives Vorbild und hat meist auch kein Interesse am Wohlbefinden der Mitarbeiter. Er trägt zudem die Griesgrämigkeit in die Kontakte zu anderen Menschen hinein und er bringt sich gleichzeitig um die Chance, von anderen positive Zuwendung zu erfahren. Denn, wie Daniel Goleman meint, Emotionen stecken an, sie breiten sich aus wie Viren. Self Care, das heißt Selbstwertschätzung und Selbstfürsorge, stellt daher eine wichtige Führungskompetenz dar.

Was heißt das nun? »Was du nicht willst, dass man dir tu, dass füge auch nicht selbst dir zu!«, das bezieht sich auch darauf, wie man mit sich selbst spricht, denn: Mit sich selbst gesund umgehen – das beginnt im Kopf. Wie geht man in Gedanken mit sich um? Wie ein guter Freund? Oder eher wie der eigene Erzwidersacher? Wie viele der zigtausend Gedanken, die einem täglich durch den Kopf schießen, tun wirklich gut? Denkt man schon einmal von sich: »Das ist wieder mal typisch, so was Idiotisches kann auch nur mir passieren« oder ist man sich selbst in Gedanken der beste Trostspender? Spricht man innerlich so mit sich, wie man auch von seiner Umgebung angesprochen werden will?

Unsere Gedankenmuster entstehen nicht von heute auf morgen. Sicherlich hat nicht jeder Mensch eine Kindheit gehabt, die geprägt war von bedingungsloser Liebe, Akzeptanz und Anerkennung. Viele sind aufgewachsen mit Sätzen wie »Du machst auch immer alles falsch!« Solche Sätze setzen sich fest.

Die meisten Menschen sind noch heute der Annahme, dass ihre Gedanken in ihrem Kopf ein Eigenleben führen; dass sie sie nicht beeinflussen könnten. Das ist aber falsch: Ganze Therapierichtungen (insbesondere die kognitive Verhaltenstherapie) unterstützen ihre Klienten dabei, die »Runterzieher-Gedanken« (Miesmacher) im Kopf durch positivere Bilder und wohltuende Gedanken (Mutmacher) zu ersetzen. Und das wirkt. Natürlich nicht von heute auf morgen – die negativen Gedanken haben auch nicht von heute auf morgen Einzug ins Gehirn gehalten, das war auch ein Prozess. Deshalb braucht auch die Umgewöhnung ihre Zeit und sie erfordert viel Einsatz von Seiten des Klienten:

- *In einem ersten Schritt muss er die destruktiven, ihn hemmenden oder klein-machenden Gedanken identifizieren, was viel Selbstbeobachtung im Alltag erfordert.*
- *Dann geht es darum, zu diesen Gedanken positive Gegengedanken zu entwickeln.*
- *Und schließlich müssen diese Gegengedanken so fest im Gehirn verankert werden, dass sie sich automatisch einstellen.*

Diese drei Schritte kann man auch im Selbstversuch ausprobieren. Die positiven Gedanken werden sich nicht von selbst in den Kopf verirren: Das ist zu Beginn ein Stück Arbeit – so, als wäre der Gedanke ein Muskel, der erst antrainiert werden muss, bevor er seine Arbeit gewohnheitsmäßig verrichten kann. Wenn man die guttuenden Gedanken mit bildlichen Vorstellungen verknüpft, wird einem ein Stück Trainingsarbeit abgenommen, weil der Gedanke nur noch halb so viel Denkanstrengung erfordert. Wer Erinnerungshilfen im Alltag einsetzt (ein Smiley am Badezimmer-Spiegel, ein lachendes Gesicht als Bildschirmschoner, ein gelber Punkt auf den Telefonhörer etc.), wird die positiven Gedanken bald fast so automatisch im Kopf haben wie die negativen. Noch nicht überzeugt? Ausprobieren ...

> Siehe auch Checkliste »Beratungs- und Anlaufstellen für belastete Mitarbeiter« auf Seite 185

Eines ist jetzt schon sicher: Das Vorbildverhalten in puncto Selbstwertschätzung und Fürsorge wird die Mitarbeiter anstecken. Mit der Transaktionsanalyse gesprochen: Wer ja zu sich selbst sagt, dem wird es leicht fallen, auch die Mitarbeiter o.k. zu finden. Und wer von sich und den Mitarbeitern positiv denkt, wird sehr schnell die positiven Auswirkungen auf das Betriebsklima und die Motivation wahrnehmen können.

Wann beginnt der Rest des Lebens?

Die Frage klingt etwas provozierend, kommt aber von Herzen ... Weil sie hilft, die eigenen Prioritäten zu klären. Schließlich ist Arbeit nur das halbe Leben – zwar können wir froh sein, sie zu haben, und oft ist sie auch Teil der Selbstdefinition, ein Forum für Selbstentfaltung und Weiterentwicklung. Aber nicht selten geht die Balance von Berufs- und Privatleben verloren. Und zwar auf Kosten aller Lebensbereiche: Bald hängt der Haussegen schief, die Arbeitsleistung sinkt und die Gesundheit nimmt Schaden. Es ist ausgesprochen gesund, hin und wieder innezuhalten, eine Standortbestimmung vorzunehmen, dabei Ist- und Soll-Zustand zu vergleichen und das Zeitmanagement zu überdenken. Zeitmanagement bedeutet nicht, seine Planung so weit zu verfeinern und zu verbessern, dass mehr Zeit übrigbleibt, in der man noch mehr arbeiten könnte –

Zeitmanagement bedeutet in erster Linie, seine Lebensziele mit dem in Einklang zu bringen, womit man tatsächlich seine Zeit verbringt. Damit ist Zeitmanagement nicht mehr und nicht weniger als ein Weg, die Balance zwischen verschiedenen Lebenszielen herzustellen mit dem Ziel, sagen zu können: »So will ich mein Leben verbringen.« Es bedeutet, die gesparte Zeit genussvoll zu gestalten. Das neue Zauberwort dafür nennt sich Work-Life-Balance. Diese Balance kann ich nur dann finden, wenn ich genau weiß,

a) was mir im Leben wirklich wichtig ist
b) was meine Ziele sind (beruflich wie privat)
c) wie ich sie erreichen kann (konkret!)
d) was mich bei der Zielerreichung blockiert und
e) welche Ressourcen mich unterstützen können.

Die Erfahrung lehrt, dass eine der verbreitetsten Blockaden auf dem Weg zum genussvollen Leben in den Ausdrücken »erst mal« und »noch« liegt (erst noch diesen einen Auftrag erledigen, und dann ..., erst noch die Examensprüfung, und dann...). Am besten streicht man daher das Wort aus dem Sprachschatz oder besser noch: Man sollte sich selbst und der Arbeit am Wohlbefinden den Rang eines Projekts geben! Und man sollte sein eigener Manager auf dem Weg zu den selbstgesteckten Zielen sein – denn wer verstünde a) mehr vom Managen und b) mehr von sich selbst als man selbst ...

Gesund mit sich selbst umgehen – das heißt nicht nur, aber in besonderem Maße auch für die Führungskraft: eine strikte Trennung ziehen können zwischen Arbeit und Freizeit, zwischen Berufs- und Privatleben.

Vielen geht es so, dass sie abends ins Bett gehen, hundemüde – und kaum liegen sie, sind sie hellwach, weil ihnen tausend Dinge von der Arbeit durch den Kopf schießen. Das ist immer ein Zeichen dafür, dass sie nicht strikt getrennt haben. Dass die Grenzen zwischen Wach-Sein und Schlafen, aber auch zwischen Arbeit und Freizeit verwischt sind. Dass etwas mit ihrer so genannten Arbeitshygiene nicht stimmt. Und auch mit der Schlafhygiene ist nicht alles in Ordnung.

Das Wort Hygiene hat im Deutschen einen negativen Beigeschmack. Im Grunde ist es nichts anderes als Reinhalten, ohne idealistische Überformung. Oder platt gesagt: Bier ist Bier und Schnaps ist Schnaps. Leider lassen wir allzu häufig zu, dass die Grenzen verwischen. Das passiert – entgegen landläufiger Meinung – nicht automatisch. Da hat sich vielmehr etwas eingeschlichen. Und jeder kann dafür sorgen, dass es sich wieder »ausschleicht«, dass die Grenzen wieder klarer werden. Indem er strikte Trennungsrituale einführt. Wie diese aussehen, muss jeder selber wissen beziehungsweise für sich entscheiden.

Siehe auch Checkliste »Abschalten/Umschalten« auf Seite 164

Wer nicht für diese Trennung sorgt, braucht sich über immer stärker wachsende Schlafstörungen nicht zu wundern. Die sind ein Warnsignal. Und als solche sollte man sie ernst nehmen. Wir alle nehmen natürlich hin und wieder etwas von der Arbeit mit nach Hause, aber wenn einem das über einen längeren Zeitraum, sagen wir zwei Wochen, allabendlich passiert, ohne dass es zwischendrin grübelfreie Nächte gibt, dann steht das Signal auf Rot. Man muss sofort aussteigen – man sollte es sich wert sein. »Neun Zehntel unseres Glücks beruhen allein auf der Gesundheit«, meinte Arthur Schopenhauer.

Tipps für die eigene Stressbewältigung finden sich in Kapitel 4 und in der Leitlinie »Self Care für Führungskräfte« auf Seite 166 ein Blanko-Formular für einen Selbstvertrag. Wer Nägel mit Köpfen machen will, kann gleich notieren, was er sich für seine Zukunft vornimmt. Viel Spaß und Erfolg beim Umsetzen!

Gesundes Team– gesunde Bilanz!

Gelebte Care-Culture

Gelebte Care-Culture

Dieses Kapitel gibt Antwort auf folgende Fragen:
- Eine Care-Culture – wie kann die aussehen?
- Wie kann eine Unternehmensstrategie zur Einführung der Care-Culture aussehen?
- Welche Instrumente und Maßnahmen erleichtern die Umsetzung?
- Wie »dreht man seinen Chef um«?
- Welch ein Ausblick!

Eine Care-Culture – wie kann die aussehen?

Großformatige farbenfrohe Gemälde und frische Blumen sorgen für eine freundliche Atmosphäre. In allen Räumen wird besonderer Wert auf gutes Licht gelegt, überall gibt es Getränke. Einer der Besprechungsräume wird für das gemeinsame Mittagessen verwendet, weil man beim Essen ins Gespräch kommt. Dazu gibt es von einer extra hierfür eingestellten Mitarbeiterin frisch zubereitete Mahlzeiten. »Kulinarische Kommunikation« – dazu gehört auch das Begrüßungsfrühstück, mit dem am zweiten oder dritten Arbeitstag neue Mitarbeiterinnen und Mitarbeiter im Haus willkommen geheißen werden. Den Teamgedanken fördern sollen auch zwei Glocken, die im Treppenhaus angebracht wurden: Je nach Größe eines eingehenden Auftrags wird die eine oder andere geläutet – ein Signal und zugleich eine Einladung: Am Treffpunkt

Eine Care-Culture – wie kann die aussehen?

Glocke wird auf den Auftrag angestoßen. Ein Miteinander, das gefördert, aber nicht verordnet werden kann. In Führungsleitsätzen heißt es unter anderem: »Von einem guten Dirigenten hört man selten einen Ton« oder »Die Teilnahme am Bau einer Kathedrale ist motivierender, als nur Steine zusammenzufügen.« In jedem Jahr wird eine Klimaanalyse durchgeführt. Verbesserungsvorschläge entwickelt dann jedes Team für seinen Bereich, unterschreibt sie und hängt sie gerahmt an die Wand – Zielvereinbarungen werden gemeinsam erarbeitet. Es erübrigt sich eigentlich zu erwähnen: Die Kontrolle der Arbeitszeiten ist überflüssig ...

So etwas gibt es nicht? Gibt es wohl und zwar bei HÅG, der deutschen Tochter eines norwegischen Büromöbelherstellers mit Sitz in Düsseldorf, 50 Beschäftigte [36]. Das Unternehmen liefert auch in vielerlei anderer Hinsicht Beispiele für eine gesunde Gestaltung der Arbeitsumwelt, die über den reinen Arbeitsschutz auch in Zeiten der Rezession sehr weit hinausgeht.

HÅG hat das Augenmerk völlig zu Recht nicht nur auf die Führungskräfte (ihre eigene Gesundheit und ihr Führungsverhalten) gerichtet. Sie agieren ja nicht im luftleeren Raum. Deshalb ist es sinnvoll, die Frage des zwischenmenschlichen Umgangs nicht einzelnen Mitgliedern oder Gruppen des Unternehmens zu überlassen oder auf sporadisch stattfindende Schulungen zu beschränken, sondern eine ganzheitliche Herangehensweise im Sinne einer veränderten Unternehmenskultur zu pflegen, sprich: Eine Care-Culture einzuführen.

In einer Care-Culture werden Mitarbeiter nicht mehr primär als Kostenfaktor gesehen, sondern es wird ernst gemacht mit Sätzen wie »Die Mitarbeiter – unser wichtigstes Potenzial«. Das bedeutet zum Beispiel: Hier wird miteinander gesprochen, wenn die Mitarbeiter anwesend sind (und nicht erst dann, wenn sie zu oft fehlen). Es geht nicht nur um eine Gesundheits-, sondern auch um eine Gesprächskultur; um ein erweitertes Gesundheitsverständnis, das psychische und soziale Aspekte des Wohlbefindens gleichrangig

Siehe auch Leitlinie »Für ein gutes Betriebsklima sorgen« auf Seite 179 neben den körperlichen sieht. Da letzteres im klassischen Arbeitsschutz ohnehin berücksichtigt wird, bedeutet Care-Culture insbesondere ernst zu machen mit dem sozialen Arbeitsschutz. Das erfordert meist einen Wechsel in der Unternehmensphilosophie und zwar insofern, als das Wohlbefinden der Betriebsmitglieder zum wichtigen Unternehmensziel wird. Das gilt auch für die Personal- und die Organisationsentwicklung.

Siehe auch »Tipps zum Umgang mit Zielkonflikten« auf Seite 159

Anmerkung:
Bei der Care-Culture handelt es sich im Prinzip um eine Ergänzung des betrieblichen Gesundheitsmanagements, wie es seit einigen Jahren verstärkt gefordert wird [1], [3], [6]: Das Bemühen um eine Care-Culture bedeutet, den Aufmerksamkeitsfokus auf das psychische Wohlbefinden deutlicher auszurichten, als dies beim klassischen betrieblichen Gesundheitsmanagement der Fall ist. Die Instrumente sind teilweise dieselben, aber die Perspektive ist auf das Zwischenmenschliche gerichtet.
Die Care-Culture ist damit ein – bislang zu Unrecht wenig berücksichtigter – Aspekt des betrieblichen Gesundheitsmanagements.

Der Care-Culture geht es nicht um das Ziel Krankenstandsreduzierung, sondern um die Erhaltung und Förderung der Gesundheit – der Beschäftigten und des Unternehmens. »Lieber gesund arbeiten als krank feiern«, so lautet das Motto der Care-Culture. Sekundär wird daraus eine Erhöhung der Anwesenheitsquote resultieren. Auf Umwegen kommt man bekanntlich oft leichter ans Ziel ...

Es geht um die Prävention und Reduzierung arbeitsbedingter Gesundheitsgefahren durch die Gestaltung gesundheitsförderlicher Arbeitsbedingungen – und zwar insbesondere in psychosozialer Hinsicht. Also: Statt der Jagd auf Blaumacher, die meist Ausdruck einer Misstrauenskultur ist, ist das Ziel der Care-Culture, gesundheitsförderliche Arbeitsbedingungen zu schaffen, unter denen Arbeiten Spaß macht.

Ziele der Care-Culture
- *Wohlbefinden fördern*
- *Selbstwertgefühl stärken*
- *Kompetenzen entwickeln*
- *Gesundheit schützen und fördern*
- *Kreativität fördern*
- *Engagement fördern*
- *Wir-Gefühl stärken*
- *Wettbewerbsfähigkeit stärken*
- *das emotionale Grundklima verbessern*
- *Veränderungsbereitschaft der Mitarbeiter fördern*
- *als Ergebnis: erhöhte Anwesenheitsquote*

Bei dem Engagement für eine Care-Culture handelt es sich – wie überhaupt beim betrieblichen Gesundheitsmanagement – nicht um ein zeitlich befristetes Projekt, sondern es sollte integriert werden in die Alltagsabläufe des Unternehmens, in dem gesundheitsförderndes Verhalten zur Norm wird und Care-Prinzipien tatsächlich gelebt werden.

Wie kann eine Unternehmensstrategie zur Einführung der Care-Culture aussehen?

Eine bei der Etablierung der Care-Culture hilfreiche Unternehmensstrategie könnte folgendermaßen aussehen:

Care-Strategie in sechs Schritten
1. *Motivation klären, z. B.:*
   Motivdefinition
   Einsatzbestimmung (Bereitschaft zu Zeit-/Kosten-Beitrag)
2. *Unternehmensleitbild entwickeln, z. B.:*
   Menschenbild
   Führungsleitlinien

3. *Analyse wagen, z. B.:*
   Mitarbeiterbefragung mit dem Ziel der »Starkstellen-Analyse«
   Gefährdungsanalyse unter Berücksichtigung sozialer Faktoren
4. *Ziele definieren, z. B.:*
   höhere Zufriedenheitswerte in der Mitarbeiterbefragung
   Vereinbarkeit von Familie und Beruf erleichtern
5. *Maßnahmen ableiten und Instrumente einsetzen, z.B.:*
   Betriebsvereinbarung
   Kollegiale Beratung
   Care-Beauftragter
6. *Effekte kontrollieren, z .B.:*
   Fluktuationsrate
   Zufriedenheitswerte in der Mitarbeiterbefragung.

Zu 1 – Motivation
Zu Beginn des Prozesses sollte die Frage der Motivation geklärt werden. Die Beschäftigten merken genau, aus welcher Richtung der Wind weht, also welche Motivation sich hinter einem Angebot zur Care-Culture oder zum betrieblichen Gesundheitsmanagement verbirgt.
- *Worum geht es uns eigentlich?*
- *Wollen wir »nur« den Krankenstand senken?*
- *Liegt uns das Wohlbefinden der Belegschaft ernsthaft am Herzen?*
- *Wenn ja: Was darf uns das kosten? Wieviel ist uns das wert?*
- *Haben wir »Mut zum langen Atem«, statt gigantische Erfolge in kürzester Zeit zu erwarten?*

Zu 2 – Unternehmerleitbild
Wenn das alles geklärt ist, geht es um die nächste Frage, nämlich um das Unternehmensleitbild. So ist es zum Beispiel möglich, eine gesundheitsorientierte Mitarbeiter- und Unternehmensführung in gemeinsam erarbeiteten Unternehmensleitsätzen niederzulegen. Das ist zunächst ein symbolischer Akt. Aber es kann den im Unternehmen Tätigen die Sache

erleichtern, wenn sie sich auf die Leitlinien berufen können. Die Basis für einen gesundheitsgerechten Umgang miteinander ist damit gelegt.
- *Haben wir überhaupt ein Unternehmensleitbild?*
- *Ist Gesundheit als Unternehmensziel etabliert?*
- *Ist es operationalisiert? Also: Wie messen und woran erkennen wir Gesundheit?*
- *Werden alle drei Aspekte des erweiterten Gesundheitsbegriffs gleichermaßen berücksichtigt (also auch das psychische und das soziale Wohlbefinden)? Oder geht es – im Sinne des klassischen Arbeitsschutzes – allein um Unfallverhütung und die Verhinderung von Berufskrankheiten?*
- *Findet sich eine Aussage über das dahinter stehende Menschenbild? Es sollte von Achtung vor dem anderen geprägt sein. Respekt und Wertschätzung gehören dazu.*
- *Finden sich darin auch Aussagen über wünschenswertes Führungsverhalten?*

Zu 3 – Analyse
Hier geht es um einen mutigen Schritt: Die Analyse zu wagen, also den Ist-Zustand zu erfassen. Dazu ist in der Regel eine Mitarbeiterbefragung erforderlich. Deren Ziel sollte nicht in einer schonungslosen Schwachstellenaufdeckung liegen, sondern vor allem eine Starkstellen-Analyse sein: Was gibt es schon? Was läuft jetzt schon gut? Was können wir noch besser machen? Was wollen wir ausbauen? Auch hier also geht es um eine grundlegend positive Ausrichtung und Einstellung und nicht um die Suche nach Schuldigen.
- *Ist unser Unternehmensleitbild in den betrieblichen Alltag integriert?*
- *Woran können wir das erkennen?*
- *Welche Abteilung entspricht unserem Leitbild am meisten?*
- *Wird unser Menschenbild tatsächlich gelebt?*
- *Findet es sich auf unseren Fluren und in unseren Büros wieder?*
- *Wie sieht es mit der Zufriedenheit der Mitarbeiter aus (in puncto*

Betriebsklima, Arbeitsbedingungen, Führungsverhalten, Zusammenarbeit, Informationsfluss, Mitbestimmung, Weiterbildung etc.)?
- *Berücksichtigen wir bei unserer Gefährdungsanalyse (§5.3 ArbSchG) neben den psychischen Belastungen auch soziale Faktoren?*

Zu 4 – Ziele
Viertens werden die Ziele definiert. Sie sollten aus der Analyse abgeleitet werden, sich aus dieser ergeben und wie bei der Verhaltensänderung eines einzelnen Menschen nicht zu hoch gesteckt, positiv formuliert und konkret fassbar sein. Beispiele für Fragen, die bei der Zieldefinition helfen könnten:
- *Ist es unser Anliegen, die Mitarbeiterzufriedenheit zu erhöhen? Wenn ja, um wie viele Punkte in der Mitarbeiterbefragung?*
- *Wollen wir die Stresskompetenz der Belegschaft verbessern? Wie?*
- *Wollen wir die Vereinbarkeit von Beruf und Familie erhöhen?*
- *Ist es unser Ziel, das Betriebsklima zu verbessern?*
- *Wollen wir die Gesundenquote erhöhen? Wenn ja, um wie viel?*
- *Wollen wir, dass mehr Mitglieder des Unternehmens sich weiterentwickeln und ihre Kompetenzen stärken? Wie viele Mitarbeiter? Welche Kompetenzen?*
- *Wollen wir das Wir-Gefühl verbessern?*

Zu 5 – Maßnahmen
Fünftens geht es um das Ergreifen von Maßnahmen. Es gilt zu beachten: Maßnahmen zur Prävention sind grundsätzlich Maßnahmen zur Intervention oder zur Korrektur vorzuziehen.

Für den fünften Schritt bieten sich beispielsweise die folgenden Fragen an:
- *Wie halten wir es in unserem Betrieb mit den Kriterien:*
  - *Verstehbarkeit?*
  - *Handhabbarkeit?*
  - *Sinnhaftigkeit?*

- *Haben wir Angebote, die beim Verhalten des Beschäftigten ansetzen und seine Kompetenzen stärken?*
- *Haben wir außerdem Maßnahmen zur Veränderung der Verhältnisse, also z. B. der Arbeitsorganisation, im Programm?*
- *Haben wir eine Betriebsvereinbarung zum Care-Verhalten?*
- *Gibt es einen Care-Beauftragten? (s.u.)*
- *Geht es bei unseren Maßnahmen vor allem um die Prävention?*
- *Sind alle Gruppen des Unternehmens bei den Maßnahmen einbezogen?*

Es ist unbedingt erforderlich, dass alle innerbetrieblichen Gruppen am selben Strang ziehen. Das gesamte Unternehmen wird mit einbezogen in die Care-Cultur; es geht nicht nur um Einzelaktionen oder Verhaltensänderungen einzelner, sondern um Menschen im Unternehmen und deren Umgang miteinander. Die Umsetzung der Care-Culture ist eine Querschnittaufgabe. Zur Care-Struktur zählen die folgenden Gruppen, die untereinander vernetzt sein sollten.

Zur Care-Struktur gehören:
- *Führungskräfte*
- *Geschäftsführung*
- *Betriebsrat*
- *Schwerbehindertenvertretung*
- *Betriebsarzt*
- *Fachkraft für Arbeitssicherheit*
- *Sicherheitsbeauftragte*
- *Unfallversicherungsträger*
- *Krankenkassen*
- *externe Berater*
- *Beschäftigte.*

Die Führungskräfte nehmen in diesem Konzept die zentrale Position ein und spielen bei der Umsetzung der Care-Culture die wichtigste Rolle. Nur wenn sie sich von der Begeisterung für einen freundlicheren Umgang anstecken lassen, wird das Konzept wirklich mit Leben gefüllt werden. »Gesund Führen und Fühlen«, das bietet sich als Motto für ihre Tätigkeit an. Das gilt natürlich erst recht für die Geschäftsleitung, deren Glaubwürdigkeit an ihrer Vorbildfunktion gemessen wird.

Der Betriebsrat als Vertreter der Beschäftigten gehört mit an den Tisch Er hat »das Ohr« an der Belegschaft und weiß oft genau, wo der Schuh drückt. Der Betriebsarzt und die Fachkraft für Arbeitssicherheit sehen ihre vom Gesetz auferlegten Aufgaben auch im Bereich der Prävention, also im Erkennen und Verhüten von Unfallgefahren und körperlichen Belastungen; aber die psychischen Belastungen – und in der Care-Culture eben auch die sozialen – gehören gleichfalls zu ihrem Tätigkeitsgebiet. Sie werden daher in keinem Gremium fehlen und die anderen Gruppen mit ihrem Fachwissen unterstützen.

Die Sicherheitsbeauftragten haben eine wichtige Vorbildfunktion: Wenn sie als Kollege unter Kollegen nicht mit erhobenem Zeigefinger daher kommen, sondern einen freundlichen, kameradschaftlichen Umgangston pflegen, ein offenes Ohr für die Kollegen haben und den Vorgesetzten von sich aus ansprechen, dann können sie einen wichtigen Beitrag zu einem gesünderen Miteinander leisten.

Solchermaßen umzingelt von wohlmeinenden, auf Gesundheit bedachten Gruppen wird auch bei den anderen Beschäftigten der Funke überspringen – wetten?

Die Kooperationsmöglichkeiten mit Krankenkassen und Unfallversicherungsträgern sind noch stark ausbaubar; so wird beispielsweise der gesetzlich erlaubte Rahmen der finanziellen Unterstützung zu Präventionsmaßnahmen wie etwa betrieblicher Gesundheitsförderung nicht annähernd ausgeschöpft. Im Jahr 2002 wurden statt der gesetzlich erlaubten 2,56 Euro, die die Krankenkassen pro Versichertem bereit stellen sollen, beispielsweise nur 0,91 Euro in Anspruch genommen [38].

Wichtig ist, dass die betriebsexternen Experten lediglich eine Einführungsfunktion haben: Sie geben Impulse, mehr nicht. Die Care-Culture kann nicht von außen ins Unternehmen getragen werden: Sie muss ihre

Wurzeln im Betrieb selber haben. Die Care-Culture lebt von der Vernetzung aller betrieblichen Gruppen untereinander. Sie kann nur als Gemeinschaftswerk gelingen. Und was heißt nun gelingen? Die Frage führt uns zum sechsten Schritt der Strategie:

Zu 6 – Effekte
Jedes wirtschaftliche Arbeiten erfordert, dass die Effekte kontrolliert werden. Es handelt sich um eine erneute Analyse des (inzwischen veränderten) Ist-Zustandes: Hier sollte eine fortlaufende Rückkopplung und Verbesserung stattfinden. Effekte lassen sich nur dann bestimmen, wenn im dritten Schritt eine gründliche und sorgfältige Ist-Analyse vorgenommen worden ist – andernfalls bleiben Vergleiche schwammig. Vielleicht würde es zwar reichen, wenn von allen Seiten übereinstimmend geäußert wird »Ja, das Klima ist viel besser geworden«, aber es gibt sicher in jedem Unternehmen auch kühle Rechner, die es gern genauer wissen wollen und das bessere Image an Zahlen festmachen möchten.

Fragen, die zum sechsten Schritt der Strategie passen, lauten z. B.:
- *Wie hat sich die Fluktuationsrate verändert?*
- *Sind die Zufriedenheitswerte in der zweiten Mitarbeiterbefragung höher?*
- *Beteiligen sich mehr Betriebsmitglieder an Feiern, Betriebsausflügen, Mitarbeiterzeitschrift etc.? Wie viele?*
- *Wie viele Verbesserungsvorschläge werden im Vorschlagswesen eingereicht? Auch dies ist ein Zeichen für »angestellte« statt »abgestellte« Beschäftigte.*
- *Wie hoch ist die Rücklaufquote in der zweiten Mitarbeiterbefragung? (Es beteiligen sich ja immer nur die Beschäftigten, die noch an Veränderungsmöglichkeiten im Unternehmen glauben!*
- *Sind die subjektiven Kompetenzwerte gestiegen (Qualifikationsniveau, Stressbewältigungsfertigkeiten, Gesprächsfähigkeiten etc.)?*

- Wie hoch ist der Prozentsatz der Beschäftigten, die in der Mitarbeiterbefragung soziodemographische Angaben, also Angaben zur Person machen (Alter, Geschlecht, Abteilung etc.)? Eine geringe Zahl gilt als Zeichen einer Misstrauenskultur!

Die Effekte sind häufig zunächst unsichtbar und setzen schon viel früher ein, als man sie durch Messen fassbar machen kann. Alleine durch den Umstand, dass psychische Belastungen und andere Wohlfühlaspekte überhaupt durch das Unternehmen angesprochen werden, bewegt sich oft schon etwas in der Belegschaft. [35]

Diese sechsschrittige Care-Strategie stellt einen recht umfassenden Ansatz zur Veränderung der Unternehmenskultur dar. Aber man kann bei der Planung und Umsetzung natürlich auf Strukturen zurückgreifen, die es ohnehin – zum Teil aufgrund der gesetzlichen Rahmenbedingungen – im Unternehmen gibt, so etwa die Arbeitsschutzausschuss-Sitzung oder vielleicht den Arbeitskreis Gesundheit.

Welche Instrumente und Maßnahmen erleichtern die Umsetzung?

Die Instrumente der Care-Culture sind vielfältig und einige davon sind vielleicht schon vom betrieblichen Gesundheitsmanagement bekannt. Die zentralen Bausteine:

1. **Betriebsvereinbarung**
2. **Care-Zirkel**
3. **Beratungsangebot**
4. **Care-Beauftragter**
5. **Kompetenzstärkung**
6. **Kollegiale Beratung**

1. Betriebsvereinbarung

Eine Betriebsvereinbarung kann allen Akteuren des Unternehmens helfen, die angestrebte Verbesserung des sozialen Arbeitsschutzes in die Praxis umzusetzen, wenn die in ihr festgelegten Regeln konkret formuliert und verständlich sind. Die Betriebsvereinbarung kann zum Beispiel angelehnt sein an die Betriebsvereinbarung von VW mit dem Titel »Partnerschaftliches Verhalten am Arbeitsplatz«. Dort wird ein positives innerbetriebliches Arbeitsklima als Voraussetzung für den wirtschaftlichen Erfolg des Unternehmens betrachtet. Sie verpflichtet jeden, zu einem guten Betriebsklima beizutragen und die Persönlichkeit des anderen zu akzeptieren; und sie ermöglicht es zum Beispiel von Mobbing Betroffenen, Beschwerde einzulegen. Aus Sicht einer Care-Philosophie ist es wünschenswert, noch darüber hinaus zu gehen und nicht nur negatives, persönlichkeitsabwertendes Führungsverhalten zu ahnden, sondern positives bewusst zu fördern – zum Beispiel, indem jeder Mitarbeiter ein Recht auf Feedback durch den Vorgesetzten bekommt (und umgekehrt), ebenso ein Recht auf Anerkennungs- und Willkommensgespräche etc.

Alle Beschäftigten sollten eine Kopie dieser Dienstvereinbarung erhalten. Und wie bei allen »Care-Aktionen« spricht nichts dagegen, sie auch außerhalb des Unternehmens publik zu machen und öffentlichkeitswirksam darzustellen, dass man im sozialen Arbeitsschutz fortschrittliche Wege beschreitet.

2. Care-Zirkel

Das Konzept der Care-Zirkel ist angelehnt an das der vielerorts schon bekannten Gesundheitszirkel, die der Erfassung des Ist-Zustandes in Bezug auf Belastungen am Arbeitsplatz dienen. In den Care-Zirkeln liegt der Schwerpunkt auf den sozialen Belastungen: Sie sollen Hinweise auf Probleme im zwischenmenschlichen Umgang liefern – und natürlich Lösungen suchen. Auch bei dieser Form von Problemlösegruppen ist es wichtig, dass die Zusammensetzung der Zirkel umfassend und interdisziplinär gestaltet wird.

Hier werden Betroffene zu Beteiligten gemacht: Es nehmen zuvorderst mehrere Mitarbeiter teil, daneben einzelne Führungskräfte, Vertreter der Geschäftsleitung, Betriebsratsvertreter, Betriebsarzt und Sicherheitsfachkraft und unter Umständen noch ein Moderator. In der Praxis haben sich vier- bis sechswöchentliche Treffen von ca. anderthalbstündiger Dauer durchgesetzt.

Auch in den Care-Zirkeln sollte – wie bei der Mitarbeiterbefragung – das Augenmerk darauf gerichtet werden, was bereits gut läuft, was ausgebaut werden kann und wer womit zufrieden ist: Es geht nicht darum, in »Anklage-Zirkeln« etwa einzelne Vorgesetzte an den Pranger zu stellen, sondern gemeinsam zu überlegen, welche Potenziale sich noch weiter fördern lassen. So kann dieses Verfahren Leute wieder an einen Tisch bringen, zwischen denen die Kommunikation zum Erliegen gekommen ist.

3. Beratungsangebot

Wie menschlich ein Unternehmen tatsächlich ist, zeigt sich vor allem an seinem Umgang mit den Schwachen. Innerbetrieblich sind dies die – körperlich und/oder psychisch – belasteten Mitarbeiter. Um sie zu unterstützen, bieten sich zwei Herangehensweisen an: Zum einen die Einrichtung einer betrieblichen Sozialberatung und zum anderen das Einkaufen von externen Beratungsleistungen. In Großunternehmen ist die Sozialberatung meist selbstverständlich, in kleinen und mittelständischen Unternehmen aus Kostengründen dagegen eher selten anzutreffen.

Die Aufgaben eines Sozialberaters bestehen darin, unkompliziert entweder selbst Hilfsangebote für psychisch oder physisch belastete Beschäftigte zu machen oder die Betroffenen an betriebsexterne Experten zu vermitteln, sofern die eigenen Möglichkeiten inhaltlich oder zeitlich überschritten werden. Die Sozialberatung versteht sich als Ansprechpartner für Führungskräfte und Mitarbeiter. Häufig initiiert sie auch Programme zur Gesundheitsförderung. Die Sozialberatung arbeitet selbstverständlich weisungsfrei, und ihre Tätigkeit unterliegt der Schweigepflicht.

Für kleine und mittelständische Unternehmen gibt es die Möglichkeit, Beratungsleistungen extern einzukaufen. Bisweilen sind solche Angebote unter dem Namen »Employees Assistance Program« (EAP) bekannt; während ursprünglich vor allem Suchtprobleme im Vordergrund standen, sind heute auch Ehe- und Familienprobleme, psychische Störungen, Finanzprobleme sowie arbeitsplatzbezogene Probleme Themen der Beratung. Die eingekaufte Beratung findet entweder betriebsintern zu festgelegten Sprechstunden statt oder – aus Gründen der Anonymität – in den Räumlichkeiten der beratenden Praxis oder Institution. Die Beratung unterliegt der Schweigepflicht und wird von einer neutralen Person koordiniert.

4. Care-Beauftragter

Das Ziel jeglichen Beauftragtenwesens liegt darin, innerbetriebliche Ansprechpartner zu installieren, so auch beim Care-Beauftragten: Es sollte sich um eine von allen Gremien akzeptierte Person handeln, deren Aufgaben darin besteht, Beschwerden von Seiten der Kollegen, Betriebsräte und Führungskräfte entgegenzunehmen und Lösungsvorschläge zu machen. Zudem soll der Care-Beauftragte Verbesserungsvorschläge für ein gesünderes Miteinander sammeln und der Geschäftsleitung Ideen für weitere Care-Aktionen unterbreiten, um so das Betriebsklima und den sozialen Umgang stetig zu verbessern. Wichtig ist, dass ihn alle Beschäftigten bei Konflikten hinzuziehen können. Hierbei kann er die Rolle eines Mediators übernehmen, wenn er eine entsprechende Ausbildung genossen hat. Er ist natürlich zur Verschwiegenheit verpflichtet. Der Care-Beauftragte hält auch Literatur zu allen Themen der Care-Culture bereit. Seine Aufgaben sollten auch die Gewährleistung der Anonymität bei den Mitarbeiterbefragungen beinhalten. Bereits die Ernennung eines Care-Beauftragten ist als ein gesundheitsförderlicher Akt zu verstehen, denn das Unternehmen demonstriert in dem Augenblick, dass es das Thema Miteinander ernst nimmt und ihm bewusst einen Platz im betrieblichen Alltag einräumt.

5. Kompetenzstärkung

Wichtig ist das Prinzip der Eigenverantwortung: Auch der einzelne Beschäftigte ist für seine Gesundheit verantwortlich. Aber die hier vorhandenen Kompetenzen zu fördern und auszubauen, ist auch Aufgabe des Unternehmens – in seinem eigenen Interesse.

Dazu können auch klassische Gesundheitsförderungsprogramme (Rückenschule, Pausengymnastik, Massageangebote, Stressbewältigungsseminare) gehören – aber diese rein verhaltens- und personbezogenen Maßnahmen müssen ergänzt werden durch Veränderungsmaßnahmen, die die gesamte Organisation betreffen.

6. Kollegiale Beratung

Die kollegiale Beratung ist ein Verfahren zum Belastungsabbau für Führungskräfte, das sich die vorhandenen Ressourcen (z. B. den Erfahrungsschatz der Kollegen) zunutze macht, anstatt Beratungsleistungen teuer von außen einzukaufen. Unter fünf bis acht gleichrangigen Teilnehmern werden Probleme des Führungsalltags nach einem sechsstufigen Schema besprochen und gemeinsam Lösungen gesucht:

1. *Rollenfestlegung: Wer hat einen Problemfall, den er vorstellen möchte (= »Klient«)? Wer möchte den Prozess moderieren?*
2. *Fallbericht: Was macht dem Klienten Sorgen? Was wünscht er sich von den Beratern?*
3. *Analysephase: Welche Fragen können das Problemverständnis für die Berater noch vertiefen? Was müssen sie noch wissen?*
4. *Lösungssuche: Wie wirkt der Fall auf die Berater? Welche Erfahrungen haben die Berater mit ähnlich gelagerten Problemen gemacht? Welche Tipps haben sie für den Klienten (der in dieser vierten Phase schweigend zuhört)?*
5. *Vorsatzbildung: Was möchte der Klient ausprobieren? Was war neu für ihn?*
6. *Abschlussphase: Was nehmen die einzelnen Teilnehmer mit? Was hat ihnen diese Runde gebracht?*

Während der meist anderthalbstündigen Sitzungen (im Vier- oder Sechswochen-Rhythmus) werden in der Regel zwei Fälle besprochen.

Das Verfahren kann helfen, kreative und ungewöhnliche Problemlösungen zu finden und Kräfte für die Umsetzung von Lösungsvorschlägen zu aktivieren.

Es ist durchaus auch als Verfahren zur Belastungsreduzierung für Mitarbeiter und nicht nur für Führungskräfte denkbar. Zur Einführung der kollegialen Beratung wird in der Regel für einen Impulstag auf externe Berater zurückgegriffen, die das Verfahren vorstellen, Beratungsstrategien vermitteln, Übungsdurchgänge moderieren und das selbstorganisierte Ausführen in Kleingruppen vorbereiten.

Die kollegiale Beratung wird von den Führungskräften, die das Verfahren einmal kennen gelernt haben, meist sehr gut angenommen, da es auf die bereits vorhandenen Kompetenzen der Führungskräfte zurückgreift und jeder etwas aus seinem Erfahrungsschatz beisteuern kann. Der Klient macht in der Regel die wohltuende Erfahrungen »Die anderen kochen auch nur mit Wasser« und »Ich bin nicht der einzige, der solche Probleme kennt«. Zudem wird die Offenheit unter den Führungskräften in erheblichem Maße gesteigert und das Belastungsniveau wird gesenkt.

Darüber hinaus sind eine Reihe von Einzelmaßnahmen denkbar, die zu mehr Wohlbefinden der Beschäftigten beitragen können:
- *Die Gestaltung der Sozialräume sollte so ausfallen, dass man sich dort gern aufhält.*
- *Flexible Arbeitszeiten ermöglichen es vielen Beschäftigten mit Kindern, Beruf und Familie leichter unter einen Hut zu bringen: Sie werden am Arbeitsplatz ausgeruhter und mehr bei der Sache sein.*
- *Auch Audits, in denen es darum geht, Familie und Beruf miteinander zu vereinbaren, können eine gesundheitsfördernde Wirkung haben. Zugleich wird das Unternehmen für Mitarbeiter mit Kindern attraktiver.*
- *Führungskräfte sollten eine abteilungsübergreifende Kommunikation ermöglichen, um Missverständnisse auszuräumen und den Informa-*

tionsfluss zu erhöhen! Insbesondere die kollegiale Beratung eignet sich, um auch den inoffiziellen Informationsfluss über die verschiedenen Abteilungen hinweg am Laufen zu halten.
- *Empfehlenswert ist, einen »Tag der Führungskraft« einzuführen. Hierbei geht es um aktuelle Themen aus den Bereichen Arbeitssicherheit und Gesundheitsschutz, aber auch um Stressbewältigungsfähigkeiten, Konfliktbewältigungstrainings und Reflexionen über das eigene Führungsverhalten.*
- *Care-Culture ist kein Selbstläufer und vor allem nicht selbstverständlich: Sie ist darauf angewiesen, bekannt gemacht zu werden durch Artikel in Mitarbeiterzeitschriften, durch Plakate und Poster, durch Informationen auf Betriebsversammlungen, durch Präsentationen in allen Gremien usw.*
- *Menschen brauchen nun einmal Erinnerungshilfen, wenn sie auf Dauer neue Verhaltensweisen übernehmen sollen – selbst dann, wenn unsere Motivation denkbar groß ist. Hierbei sollte man es sich und den anderen leicht machen: zum Beispiel durch großformatige und ansprechend gedruckte Betriebsvereinbarungen und Unternehmensleitbilder. Auch regelmäßige Mitteilungen der Geschäftsführung und der Personalabteilung an die Belegschaft sind wichtig (Infobriefe).*
- *Denkbar sind auch Preise für die Führungskräfte, die laut Aussage der Beschäftigten in der Mitarbeiterbefragung die Care-Culture am stärksten leben. Es versteht sich von selbst, dass diese Maßnahmen nur dann Sinn machen, wenn die Geschäftsleitung mit gutem Beispiel voran geht. Das gilt zum Beispiel auch für einen partnerschaftlichen Umgang von Geschäftsführung und Betriebsrat!*

Viele Vorschläge basieren auf regelmäßig durchgeführten Mitarbeiterbefragungen, die den Fortschritt der Care-Culture überprüfen. Diese Form der Erhebung des Ist-Zustandes sollte aber nicht die einzige sein. Zudem sorgen Führungskräfte für den Informationsfluss zwischen top-down und bottom-up. Insbesondere der zweite Aspekt kommt im betrieblichen Alltag oft zu kurz. Führungskräfte sollten von oben explizit ermutigt werden, auch diesen Weg der Kommunikation zu nutzen. Denkbar ist in diesem Zusammenhang auch der bewährte »Heiße Stuhl«: An einem Tag pro Quartal steht ein Mitglied der Geschäftsleitung den Mitarbeitern Rede und Antwort – nicht mit dem Ziel der Inquisition, sondern des besseren gegenseitigen Kennenlernens und des Abbaus von Kommunikationsblockaden.

Ein Unternehmen, in dem die Care-Culture mehr als ein Lippenbekenntnis darstellt, kann man sich wie ein großes Haus vorstellen: Die Basis ist das Unternehmensleitbild und das dahinter stehende Menschenbild. Die tragenden Säulen sind die Care-Prinzipien und die Care-Instrumente. Und die zahlreichen möglichen Ziele sieht man ganz oben unterm Dach.

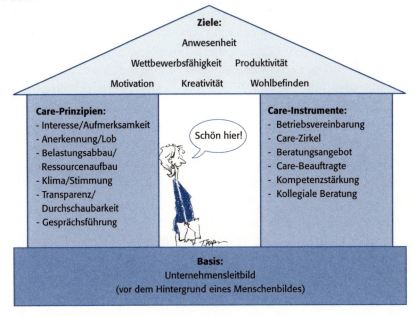

Ein Wort zur Schulung der Führungskräfte: Der beste Weg, etwas für die Führungskräfte zu tun, besteht darin, sie mit Führungskräften auszustatten, sprich: ihre Kompetenzen zu stärken – und zwar vor allem in Bezug auf die eigene Gesundheit und in Bezug auf die Care-Qualität ihres

Führungsverhaltens nach dem Motto: »Wir wollen, dass es unseren Mitarbeitern gut geht und sie sich wohl fühlen am Arbeitsplatz.«

Allerdings geht dies nicht im Hauruckverfahren. »So, und jetzt lernt ihr erst mal richtiges gesundheitsgerechtes Führen!« – dieser Ansatz ist wenig erfolgversprechend. Zu Recht würden sich viele Führungskräfte gegen ein solches Vorgehen zur Wehr setzen und faktisch sind ja viele ihrer Verhaltensweisen gesundheitsförderlich. Nach meiner Erfahrung wollen die meisten Führungskräfte ihre Mitarbeiter unterstützen, sehen sich aber durch die eigenen Arbeitsbelastungen in ein enges Korsett gezwängt, das es ihnen nicht erlaubt, viel Zeit in die Beziehungsaspekte ihrer Führungsaufgaben zu investieren. Daher muss es darum gehen, diese mitarbeiterorientierte Haltung zu stärken und in die vorhandenen Kompetenzen zu investieren. Zu denken ist hierbei an Gesprächsführung und Trainings zur Konfliktbewältigung sowie zur Mobbing- und Suchtprävention. Aber auch an Seminare zu den Themen Führen mit Zielvereinbarungen, gesundheitsgerechte Mitarbeiterführung und Umgang mit belasteten Mitarbeitern. Nur wer mit sich selbst im Reinen ist, kann auf andere überzeugend wirken und sie für ein gemeinsames Ziel begeistern. Aus diesem Grund sind Maßnahmen zur Persönlichkeitsentwicklung kein hinausgeworfenes Geld für die Unternehmen, sondern eine sinnvolle Investition. Immerhin investiert das Unternehmen in seine Leistungsträger im eigentlichen Sinne!

Wie dreht man seinen Chef um?

Siehe auch Leitlinie für Führungskräfte, (und andere Mutige), die sich verändern wollen auf Seite 155

Vielleicht denkt sich der eine oder andere Leser, dass er selbst den hier genannten Vorschlägen ja durchaus zustimmen, dass aber der eigene Vorgesetzte, die Geschäftsleitung, der Betriebsrat oder sonst irgendjemand den Vorschlägen dieses Buches nicht besonders offen gegenüberstehen würde. Und es gibt natürlich – wie bei jedem größeren Projekt – etliche Gründe, aus denen das Care-Projekt scheitern kann. Wer diese Gründe und Gegenargumente kennt, kann sich schon im Vorhinein mit ihnen auseinandersetzen und ihnen damit leichter vorbeugen.

Grundsätzlich gilt:
Man sollte das Gegenüber über sein eigenes Wohlfühlbedürfnis motivieren! Man darf ihm/ihr ruhig schmeicheln: Er als gesundheitsbewusster, verantwortungsvoller Chef ... (nicht lügen! Hintergrund dieses Satzes sollten reale Ereignisse aus der Vergangenheit sein!)
Man darf darauf bauen, dass er/sie einen nicht enttäuschen möchte.

- **Rechnet sich das denn? Wenn nicht, lassen wir's lieber!**
  Die Frage kann man grundsätzlich nur dann beantworten, wenn man vor den Maßnahmen eine Analyse des Ist-Zustands vornimmt – was häufig vergessen oder aus Angst vor den bereits dafür entstehenden Kosten gar nicht erst in Angriff genommen wird. Als einziges greifbares Kriterium auf die Fehlzeitenquote zu kommen, wird dem Anliegen, mehr Gesundheit ins Unternehmen zu bringen, nicht gerecht. Die Fehlzeitenquote wird von zahlreichen weiteren Faktoren beeinflusst – wer will da sagen, welcher Anteil auf das Bemühen um die Care-Culture zurückgeht?
  Was bleibt, ist der Hinweis auf die Notwendigkeit einer Ist-Analyse (meist in Form einer Mitarbeiterbefragung) als Basis für spätere Erfolgsmessungen. Diese Veränderungsmessungen erlauben dann eine Antwort auf die Frage »Rechnet sich das denn?«
- **Die reden schon seit Jahren nicht mehr miteinander! Die kriege ich doch nie an einen Tisch!**
  So lauten häufige Vorbehalte, wenn die Idee eines umfassenden Gesundheitsmanagements in die Tat umgesetzt werden soll. Hintergrund sind häufig schon Jahre zurückliegende Kränkungen: Jemand hat sich nicht wertgeschätzt gefühlt, seinen Vorschlag nicht ernstgenommen

und sich als Person abgewertet gesehen. Das ist nicht mehr zu ändern. Aber es ist etwas daran zu ändern, dass sich das Gegenüber weiterhin abgewertet fühlt: Indem man gezielt den Sachverstand des Betreffenden honoriert (wir hätten dich gern dabei, wir brauchen dich), wenn man ihn ins Boot holt; und natürlich, indem man seine Vorschläge ernsthaft berücksichtigt.

- **Unsere Leute werden nicht fürs Wohlfühlen bezahlt!**
Sicherlich nicht! Aber man predigt ja auch nicht das Motto »Wir tragen alle Wollsocken und haben uns furchtbar lieb«, sondern man nutzt Argumente dafür, dass sich Wohlbefinden im Betrieb als Wettbewerbsvorteil erweist.

- **Das ist nichts für uns. Unsere Leute sind doch so unwillig!**
Einmal abgesehen davon, dass sich das Gegenüber – falls es sich um den Chef handelt – in dem Moment selbst ein Armutszeugnis in puncto Personalauswahl ausstellt: Man kann den Gesprächspartner fragen, ob er bereit ist, als gutes Beispiel voranzugehen. Falls ja (und dann sind die »Care-Wütigen« immerhin schon zu zweit): Wen im Unternehmen hält er sonst noch für veränderungsbereit? Damit vergrößert man die Basis. Und dann schlägt man ihm ein kleines Experiment vor nach dem Motto »Wetten, dass er die Veränderungsbereitschaft seiner Leute unterschätzt!«.

- **Gut, aber wenn sich in einem Jahr nichts getan hat, lassen wir's wieder!**
Hier wird zu schnell zu viel erwartet. Insbesondere auf die Fehlzeiten-Reduzierung möchte die Geschäftsleitung oft nicht lange warten. Einmal abgesehen davon, dass die Motivation ja eine ganz andere sein sollte: Im Grunde weiß jeder, dass die Fehlzeitenquote etliche verschiedene Ursachen hat. Sie lässt sich durch Care-Maßnahmen beeinflussen, aber das ist ein langer Weg. Auch das Betriebsklima verbessert sich nicht von heute auf morgen. Und auf die Notwendigkeit eines langen Atems – mindestens fünf Jahre – sollte man den Gesprächspartner vorbereiten. Und man kann ruhig vorschlagen, eine

Krankenkasse mit ins Boot zu holen – die kann einen Teil der Überzeugungsarbeit übernehmen!
- **Wieso Care-Culture? Wir haben doch den Arbeitsschutz!**
Stimmt! Aber berücksichtigt der auch jetzt schon soziale Faktoren? Oder nur die psychischen Belastungen? Zum Beispiel in der Gefährdungsanalyse, die das Unternehmen ja sicher durchgeführt hat: Liegt da nicht doch noch immer der Fokus auf Sicherheit? Und kann man aufgrund eigener Erfahrung ausschließen, dass im Betrieb krankmachendes Führungsverhalten praktiziert wird? Nach der Lektüre dieses Buches kann man den Chef sicherlich überzeugen, dass neben der Pflicht im Arbeitsschutz erst die Kür die wahre menschliche Qualität eines Unternehmens demonstriert.
- **Unsere Leute machen da eh nicht mit!**
Wenn das stimmt, hat es sicher seinen Grund: Die Beschäftigten sind misstrauisch. Wie beim betrieblichen Gesundheitsmanagement kann es auch bei der Einführung der Care-Culture zu Enttäuschungen bei den Aktivenposten kommen, weil die Belegschaft nicht sofort vor Begeisterung in die Hände klatscht, sondern in Wartestellung geht. Dies ist vor allem in Unternehmen der Fall, in denen bis dato eine Misstrauenskultur vorherrschte. Vertrauen ist schnell zerstört, aber es ist ein weiter Weg, es aufzubauen. Nicht gleich die Flinte ins Korn werfen, auch wenn sich zu Beginn kaum jemand engagiert und beteiligt. Wer wirklich alle Gruppen des Betriebes in das Projekt einbezogen (und nicht bloß informiert) hat, wird Erfolg haben.

Leo A. Nefiodow behauptet in seinem Buch »Der sechste Kondratieff«, dass wir uns im Moment im Zeitalter der »Information und Kommunikationstechnik« befänden, dass aber für unsere Gesellschaft in der Zukunft das Thema »psychosoziale Gesundheit« das wichtigste sein wird [37]. Wenn das stimmt – und daran zweifle ich nicht eine Sekunde –, stehen die Chancen für eine Verbreitung der Care-Culture sehr gut.

Bei einer Betrachtung der Diskussionen um unser Gesundheitssystem liegt auf der Hand: Ein Unternehmen, das die Gesundheit seiner Mitarbeiter aktiv fördert, leistet auch einen wichtigen gesellschaftspolitischen Beitrag. Warum sollte dies nicht bewusst unterstützt werden?

Ein Vorschlag für unser Gesundheitssystem: Unternehmen, die sich um die Care-Culture bemühen, könnten dafür belohnt werden, z. B. durch Zuschüsse der Krankenkassen oder Unfallversicherungsträger oder auch durch Nachlässe bei den Lohnnebenkosten. – Dies aber natürlich nur, wenn es bei den Bemühungen wirklich um eine Veränderung der Kultur geht, also nicht einfach nur hin und wieder mal ein Entspannungstraining angeboten wird.

In Bezug auf betriebliches Gesundheitsmanagement werden bereits kreative Wege beschritten: So hat etwa die AOK Niedersachsen ein Bonus-Modell getestet, das den Einsatz für betriebliches Gesundheitsmanagement mit einer Beitragsermäßigung in Höhe eines Zwölftels des Jahresbeitrags honoriert, die zur Hälfte den AOK-Mitgliedern und den Arbeitgebern zukommt [28]. Gesundheit ist eben weit mehr als nur ein individuelles Kapital.

Es ist zu erwarten, dass der Wettbewerbsvorteil Wohlbefinden in den kommenden Jahren an Einfluss gewinnen wird. Aufgrund der großen Bedeutung, die das Verhalten des Vorgesetzten für die Gesundheit der Mitarbeiter hat, stellt die gesundheitsgerechte Mitarbeiterführung – und noch umfassender: die Einführung einer Care-Culture – eine sinnvolle Investition in die Zukunftsfähigkeit von Unternehmen dar.

Dass es sich lohnt, für die Care-Strategie Einsatz zu zeigen – dazu will dieses Buch Mut machen. Und nun: Viel Erfolg beim »Gesund Führen und Fühlen«!

In diesem Sinne:

do care!

Checklisten und Leitlinien 12

Wer Lust auf einen kleinen Tätigkeitswechsel hat (sehr gesund …!), kann sich kreativ betätigen und den »Cube of Care« zusammenbasteln (Seite kopieren, ausschneiden und zusammenkleben), wenn dieser Würfel einen Platz auf dem Schreibtisch findet, kann er an den einen oder anderen Vorsatz in puncto Care-Culture erinnern …

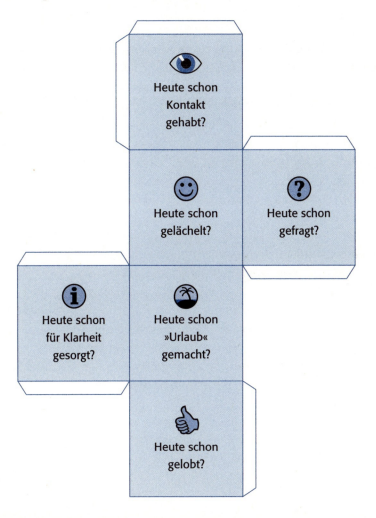

I. Selbstmanagement

Selbstcheck: Praktiziere ich einen gesundheitsförderlichen Führungsstil?

Wer einmal für sich selbst abschätzen möchte, inwieweit er ein gesundheitszuträglicher Chef ist, kann den Selbst-Check machen. Hierbei werden Handlungsweisen abgefragt, die als gesundheitsförderlich gelten oder deren Fehlen von den Befragten der genannten Untersuchungen beklagt wurde. Bei jedem Satz können Sie entscheiden, inwieweit Sie das Kriterium erfüllen:

- [3] stimmt voll
- [2] stimmt ziemlich
- [1] stimmt eher nicht
- [0] stimmt absolut nicht

Handlungsspielraum (vgl. Kapitel 3)
- *Ich übertrage meinen Mitarbeitern verantwortungsvolle Aufgaben und versuche, ihren Handlungsspielraum zu erweitern.* [3] [2] [1] [0]
- *Ich habe nur selten ein ungutes Gefühl, wenn ich eine Aufgabe delegiert habe (= ich denke nur selten: ob der Mitarbeiter das wohl richtig macht).* [3] [2] [1] [0]
- *Ich beteilige meine Mitarbeiter an Entscheidungsprozessen.* [3] [2] [1] [0]

Interesse am Wohlbefinden der Mitarbeiter (vgl. Kapitel 4 und 8)
- *Ich erkenne immer genau, wann einer meiner Mitarbeiter überlastet ist (z. B. weiß ich, wer auf Stress mit einem roten Kopf reagiert/wer eher kalkweiß wird).* [3] [2] [1] [0]

Selbstcheck: Praktiziere ich einen gesundheitsförderlichen Führungsstil?

- *Ich beobachte meine Mitarbeiter wohlwollend.* ☐3 ☐2 ☐1 ☐0
- *Ich achte ganz bewusst auf sicherheitsgerechtes Arbeiten meiner Mitarbeiter.* ☐3 ☐2 ☐1 ☐0
- *Ich bemühe mich, Belastungen meiner Mitarbeiter im gesunden Maß zu halten.* ☐3 ☐2 ☐1 ☐0

Sichtbarkeit (vgl. Kapitel 6)
- *Ich bemühe mich, für meine Mitarbeiter immer ein offenes Ohr zu haben, z.B. indem ich oft (mind. 1x/Woche) durch die Abteilung gehe (walking around).* ☐3 ☐2 ☐1 ☐0
- *Ich suche häufig (mind. 1x/Monat) das Gespräch mit jedem Mitarbeiter – nicht nur in Beurteilungsgesprächen/Mitarbeiterjahresgesprächen.* ☐3 ☐2 ☐1 ☐0

Informationspolitik und Partnerschaftlichkeit (vgl. Kapitel 7)
- *Ich bemühe mich, alle Informationen über Unternehmen und Abteilung rasch weiterzugeben und damit »Wissensgefälle« zu vermeiden.* ☐3 ☐2 ☐1 ☐0
- *Meine Mitarbeiter wissen genau, »was sie tun« und wie ich das finde: Ich gebe mindestens einmal im Monat Feedback.* ☐3 ☐2 ☐1 ☐0
- *Die Meinung meiner Mitarbeiter ist mir wichtig.* ☐3 ☐2 ☐1 ☐0
- *Feedback funktioniert bei uns gegenseitig, d.h.*
  a) meine Mitarbeiter trauen sich auch, mich zu kritisieren ☐3 ☐2 ☐1 ☐0
  b) meine Mitarbeiter trauen sich auch, mich zu loben ☐3 ☐2 ☐1 ☐0

Umgangston (vgl. Kapitel 8)
- *Ich begrüße meine Mitarbeiter morgens freundlich.* ☐3 ☐2 ☐1 ☐0
- *Ich spreche nicht ironisch oder herablassend mit meinen Mitarbeitern.* ☐3 ☐2 ☐1 ☐0
- *Bitte und Danke sind bei uns selbstverständlich. Schreien kommt nicht vor.* ☐3 ☐2 ☐1 ☐0

Umgang mit Fehlzeiten (vgl. Kapitel 8)
- Ich interessiere mich für die Anwesenheitsquote in meiner Abteilung. ③ ② ① ⓪
- Ich nehme persönlich Kontakt zu Mitarbeitern in längerer Krankheit (ca. ab zehn Tagen) auf. ③ ② ① ⓪
- Ich heiße grundsätzlich jeden Mitarbeiter nach jeder Abwesenheit vom Arbeitsplatz (also auch nach Urlaub, Fortbildung etc.) Willkommen. ③ ② ① ⓪

Anerkennung und Wertschätzung (vgl. Kapitel 8)
- Ich kenne die größte Stärke jedes meiner direkten Mitarbeiter (bis max. 30 MA). ③ ② ① ⓪
- Ich lobe wesentlich öfter, als ich kritisiere. ③ ② ① ⓪
- Ich habe keine Lieblinge, die ich bevorzugt behandle. ③ ② ① ⓪

Soziale Unterstützung (vgl. Kapitel 9)
- Ich bemühe mich, für meine Mitarbeiter da zu sein, ihnen den Rücken zu stärken. ③ ② ① ⓪
- Meine Mitarbeiter wissen, dass ich ihnen nicht in den Rücken falle und sie auch bei einer Panne nicht im Regen stehen lasse. ③ ② ① ⓪
- Ich bemühe mich, auch für belastete – und damit leistungsreduzierte – Mitarbeiter (z. B. Depressive) menschen- und unternehmensfreundliche Lösungen zu finden. ③ ② ① ⓪

Gesunder Umgang mit sich selbst (vgl. Kapitel 10)
- Ich achte trotz aller Belastungen auf meine Gesundheit und schütze mich vor Überforderung. ③ ② ① ⓪
- Ich nehme meine Vorbildfunktion auch in puncto Gesundheit ernst (z. B. durch Sporttreiben, Hobbies zum Abschalten, Urlaub ohne Aktenmitnahme …). ③ ② ① ⓪

Bemühen um eine gesunde Unternehmenskultur/Care-Culture
(vgl. Kapitel 11)
- *Ich achte darauf, das Betriebsklima möglichst positiv mitzugestalten.* ☐3 ☐2 ☐1 ☐0
- *Ich habe mich in der Vergangenheit wiederholt für mehr Gesundheit im Unternehmen eingesetzt und hierzu konkrete Verbesserungsvorschläge gemacht.* ☐3 ☐2 ☐1 ☐0

Gesamtpunktzahl: _____

Unter 30 Punkten: Sie wissen es vermutlich selbst: Es gibt da noch ziemlich große Baustellen, also – positiv ausgedrückt – recht viele Möglichkeiten, bei denen Sie ansetzen können, wenn Sie der eigenen Gesundheit und der Ihrer Mitarbeiter etwas Gutes tun wollen.
31 bis 60 Punkte: Sie sind bereits auf dem rechten Weg, aber die Gesundheitswertigkeit Ihres Führungsverhaltens ist noch ausbaufähig: Sie können noch mehr dafür tun, ein Chef zu werden, für den man gerne (und damit: gut!) arbeitet. Bleiben Sie dran – es lohnt sich!
Über 60 Punkte: Bravo! Ihre Mitarbeiter dürften sich freuen und belohnen Sie vermutlich mit einer hohen Anwesenheitsquote. Sie führen schon heute sehr mitarbeiterorientiert und haben den (gesunden!) Ehrgeiz, dieses Führungsverhalten noch weiter zu optimieren.

Leitlinie für Führungskräfte (und andere Mutige), die sich verändern wollen

Wenn Sie sich verändern wollen, also zum Beispiel einige Ideen aus diesem Buch aufgreifen und umsetzen möchten, dann sollten Sie einige Aspekte beachten, damit Ihre Änderungswünsche nicht in einem »Ab morgen bleibt alles anders« enden.

- Suchen Sie sich das aus, was zu Ihnen passt! Nicht alles in diesem Buch wird zu Ihnen persönlich und zu Ihrem Führungsstil passen.
- Das bezieht sich auch auf die Menge Ihrer Änderungsvorhaben. Mein Tipp: Nehmen Sie sich eine gesunde Portion. Meistens heißt das: Weniger ist mehr.
- Ein neues Verhalten etabliert sich nicht von selbst (sonst hätten Sie es schon längst etabliert). Es bedarf bei seiner Einführung einer sorgfältigen Begleitung, idealerweise in Form von Notizen, Strichlisten oder Tagebuchprotokollen.
- Ziehen Sie zu bestimmten (!) Zeiten Zwischenbilanz. Lassen Sie sich nicht entmutigen, wenn sich nicht sofort Erfolge zeigen. Seien Sie dennoch stolz auf sich.
- Und nicht vergessen: Belohnen Sie sich selbst regelmäßig, bis Sie sicher sind, dass das neue Verhalten, wenn es sich etabliert hat, ein Selbstläufer geworden ist.

Selbstcheck: »Führungsverhalten unter Stress«

Mit Hilfe des folgenden Fragebogens können Sie das selbst überprüfen. Do care! Gib acht auf die Mitarbeiter und dich selbst! – das ist gar nicht so leicht, wenn uns gerade der Termindruck im Nacken sitzt, die Zahlen nicht stimmen, wir privaten Stress haben etc. Deshalb Hand aufs Herz:

Wenn Sie selbst im Stress sind ...

☐ delegieren Sie dann eher weniger   oder   ☐ eher mehr, um sich selbst zu entlasten?

☐ verzichten Sie dann auf Ihre kleinen Ausgleichsübungen (Recken, Strecken, Dehnen zwischendurch)   oder   ☐ denken Sie dann daran, dass es in solchen Momenten umso wichtiger ist, Verspannungen vorzubeugen?

- [ ] wird Ihre Mimik dann schon einmal starr, fest, unbeweglich   oder   - [ ] haben Sie auch dann öfter ein Lächeln auf den Lippen?

- [ ] leidet dann der Umgangston schon einmal   oder   - [ ] bleiben Sie auch dann höflich und freundlich?

- [ ] denken Sie dann »Gute Arbeit ist selbstverständlich (dafür werden meine Mitarbeiter ja bezahlt)«   oder   - [ ] ist Ihnen immer bewusst, dass positives Feedback gerade in stressigen Zeiten die nötige Sicherheit für gute Leistungen gibt?

- [ ] ist Ihnen dann egal, was Sie essen,   oder   - [ ] achten Sie dann erst recht auf eine gesunde Ernährung?

- [ ] sind Ihnen dann Sicherheitsvorschriften schon einmal egal   oder   - [ ] folgen Sie auch dann dem Prinzip »Sicherheit hat Vorrang«?

- [ ] neigen Sie dann schon mal dazu, wichtige Vorgänge, die Sie bereits delegiert haben, wieder an sich zu reißen,   oder   - [ ] haben Sie dennoch das Vertrauen, dass Ihre Mitarbeiter ihren Job schon gut machen werden?

- [ ] arbeiten Sie dann zu hundert Prozent aufgaben- und sachorientiert   oder   - [ ] achten Sie weiterhin auf das Wohlbefinden Ihrer Mitarbeiter?

- [ ] versuchen Sie dann abends, einfach nur zu vergessen und abzuschalten   oder   - [ ] gönnen Sie sich (und manchmal auch Ihrem Team?) etwas Gutes?

Leitlinie »Tipps zur Stressbewältigung«

Was Sie für den Körper tun können:
- *Erlernen Sie ein Entspannungstraining (Autogenes Training, Yoga, Progressive Muskelentspannung)!*
- *Bauen Sie Bewegung in Ihren Alltag ein! Freuen Sie sich über jeden Gang, den Sie zu Fuß machen können! Nehmen Sie die Treppe statt des Aufzugs!*
- *Wenn Sie mögen: Treiben Sie Sport (aber quälen Sie sich nicht dabei und übertreiben Sie es nicht)!*
- *Trinken Sie mindestens zwei Liter Wasser (oder Saft, notfalls auch Limo) am Tag! Kaffee treibt das Wasser wieder raus, weshalb er in Ihrer Flüssigkeitsbilanz nicht gewertet werden darf. Wer nicht genug trinkt, kann sich nicht gut konzentrieren und bekommt Kopfweh!*
- *Gönnen Sie sich schöne Körpererlebnisse, wie Saunabesuche, Massagen, Bäder mit Duftölen, aufregende Nächte ...!*
- *Erinnern Sie sich abends vorm Einschlafen an Ihre Wohlfühlerlebnisse!*
- *Lachen Sie so oft und so herzlich wie möglich! Sie vertiefen Ihre Atmung, bauen Stress ab und sorgen ganz nebenbei für gute Stimmung im Team.*

Was Sie für Ihre Gedanken und Ihren Gefühlshaushalt tun können:
- *Schaffen Sie sich Ruheinseln im Arbeitsalltag (z. B. fünfmal langsam ausatmen und dabei aus dem Fenster blicken oder sich an den Urlaub erinnern)!*
- *Planen Sie wöchentliche Wohlfühleinheiten bewusst ein! Denn Sie werden vermutlich nie abends denken: »Ooh, der Tag ist ja noch gar nicht vorbei, du hast ja noch eine Stunde Zeit, um dir etwas Gutes zu tun!«*
- *Belohnen Sie sich ganz bewusst und zwar auch für Alltägliches. Wenn Sie sich nicht aufmunternd auf die Schulter klopfen – wer tut es dann?!*
- *Versuchen Sie den Schwierigkeiten in Ihrem Leben etwas Positives*

abzugewinnen, z. B., indem Sie sich sagen, dass Sie schon ganz andere Dinge bewältigt haben, dass Sie sich herausgefordert fühlen, dass andere auch nur mit Wasser kochen, dass bald Wochenende ist etc.!

Was Sie auf der Verhaltensebene tun können:
- Planen Sie Zeitpuffer direkt mit ein! Dann geraten Sie nicht so leicht aus dem Tritt, wenn Unvorhergesehenes dazwischen kommt.
- Sorgen Sie für eine ausgewogene Ernährung – das kostet mehr Zeit, aber es hält Sie länger fit und verbessert auch Ihr Konzentrationsvermögen!
- Sorgen Sie dafür, dass Sie gut ab- und umschalten können! Tipps hierzu gibt es in Kapitel 10 und 11.

Suchen Sie sich Möglichkeiten zum Austausch! Zum Beispiel in Form der kollegialen Beratung.

Tipps zum Umgang mit Zielkonflikten

1. In einem ersten Schritt ist es wichtig, sich die Existenz dieser Zielkonflikte überhaupt einzugestehen.
2. Zweitens muss es darum gehen, die Verantwortung für die Lösung der Zielkonflikte nicht außerhalb (z. B. in der Geschäftsleitung) zu suchen, sondern sie selbst zu übernehmen.
3. Drittens hilft es, sich klarzumachen: Sie können – wie alle Menschen – nie allen Ansprüchen gerecht werden und müssen daher für sich selbst die Entscheidung treffen, welche Ansprüche Ihnen in welchen Situationen wie wichtig sind. Gesunde (in diesem Fall erwachsene/reife) Führung heißt also, sich nicht strikt nach irgendwelchen Leitlinien zu richten, sondern flexibel von Situation zu Situation zu entscheiden.
4. Die vom Unternehmen festgelegten Werte können Ihnen dabei als Orientierungspunkte dienen, aber niemals lassen sich daraus Rezepte oder Standardlösungen ableiten.

5. Da es keine Standardlösung zur Auflösung der Widersprüche geben kann, müssen Sie lernen, mit den Widersprüchen zu leben, sprich: Ihre so genannten Ambiguitätstoleranz zu steigern. Und auch mal den Mut zur Bauchentscheidung zu haben.
6. Helfen kann Ihnen dabei vor allem der Austausch mit anderen, denn hier können Sie beobachten: Auch die anderen haben so ihre Probleme damit, ihre Position zu finden. Letztlich müssen alle lernen, mit den Widersprüchen zurecht zu kommen, und Sie können sich gegenseitig den Rücken stärken.

Leitlinie »Wege aus der Einsamkeit des Vorgesetzten«

- *Finden Sie sich damit ab, dass Sie sich in erster Linie selbst Anerkennung für Ihre Führungstätigkeit aussprechen müssen. Die Anerkennungslücke können Sie oft nur selber schließen.*
- *Dennoch: Prüfen Sie, ob Sie mit Ihren Mitarbeitern in Form einer Einbahnstraße sprechen, sprich: Dürfen Ihre Mitarbeiter Sie auch kritisieren? Ermuntern Sie dazu? Ist das Verhältnis zwischen Ihnen so, dass auch in Sachen Lob und Kritik ein wechselseitiges Geben und Nehmen möglich ist? Wie oft haben Sie in den letzten zwei Monaten von Ihren Mitarbeitern ein Wort der Kritik gehört? Das kann gleichzeitig ein Gradmesser dafür sein, inwieweit Sie einen partnerschaftlichen Führungsstil praktizieren.*
- *Suchen Sie sich außerhalb der Arbeit Netzwerke, in denen Sie sich gut aufgehoben fühlen und Anerkennung für Leistungen auf anderen Gebieten bekommen. Das kann ein Sportverein sein, ein Kirchenchor oder einfach ein Kreis an guten Bekannten, mit dem Sie auch über anderes sprechen als über die Firma.*
- *Scheuen Sie sich nicht, professionelle Beratung in Anspruch zu nehmen, z. B. einen Coach! Das gilt insbesondere, wenn Sie merken, dass die Belastungen überhand nehmen und Ihnen zum Beispiel den Schlaf rau-*

ben. Keine Arbeit der Welt ist es wert, dass Ihre Gesundheit dabei draufgeht (vgl. Kapitel 10: »Gesund mit sich selber umgehen«)!
- *Regen Sie die Einführung der Kollegialen Beratung in Ihrem Unternehmen an (vgl. Kapitel 11)!*
- *Und – ganz wichtig: Lassen Sie sich nicht abschrecken, wenn Sie auf Ihren Vorschlag nach einem Austausch über Probleme aus dem Führungsalltag bei einigen Ihrer Kollegen auf ein abschätziges Grinsen stoßen! Den anderen geht es genauso – sie geben es nur nicht zu. Es dürfte kaum jemanden geben, der von Natur aus weiß, wie man mit einem traumatisierten Mitarbeiter angemessen umgeht.*

Selbsttest zur Übereinstimmung von Mitarbeiter- und Selbstbild

Stellen Sie sich vor, Sie beobachten bei Ihrem Mitarbeiter, Herrn X, schlampiges Verhalten. Bitte notieren Sie kurz die Ursachen, die diesem Verhalten zugrunde liegen können.

Fertig? Nehmen Sie sich ruhig ein bisschen Zeit dafür. Ich warte solange ...

Und jetzt schreiben Sie bitte darunter, in welchen Situationen Sie selbst einmal auf andere einen »schlampigen« Eindruck gemacht haben – und wo damals die Ursachen lagen.

Sie haben alles notiert? Dann zählen Sie jetzt bitte aus, wie viele Ihrer Antworten »zu Gunsten« des Mitarbeiters ausfallen und wie viele Antworten ein positives Mitarbeiterbild ausdrücken! Und wie sieht es aus bei den Notizen, die Sie über sich selbst gemacht haben?

Leitlinie »Was Sie tun können, um Ihre Einstellung zu ändern«

- *Fragen Sie sich hin und wieder, wie Sie selbst motiviert werden wollen und ob Sie gern »unter sich« arbeiten würden!*
- *Diskutieren Sie mit »menschenfreundlichen« Kollegen über ihr Mitarbeiterbild!*
- *Machen Sie sich immer wieder klar: Alles, was Sie in Ihrem Betrieb erreichen, erreichen Sie nur mit Ihren Mitarbeitern, nie gegen sie!*
- *Trainieren Sie die neue Einstellung (erst wenn Sie von ihrer Richtigkeit überzeugt sind!) ganz bewusst, z. B. indem Sie sie durch Notizen unterstützen (»Heute ist mir an folgenden Mitarbeitern Folgendes positiv aufgefallen: ...«).*
- *Wenn Sie merken (und da liegt eigentlich die Hauptschwierigkeit!), dass Sie sich durch das Verhalten eines anderen gekränkt oder wütend fühlen: Suchen Sie mindestens sechs gute Gründe, die sein Verhalten rechtfertigen könnten, und überlegen Sie mindestens 60 Sekunden, ob Sie selbst sich nicht auch schon einmal so verhalten haben!*
- *Noch kann sich die neue Einstellung nicht automatisch in Ihrem Kopf einstellen: Dazu bedarf es kleiner Erinnerungshilfen, wie z.B. eines Klebezettels am Monitorrand oder der kleinen Care-Cards.*
- *Gestalten Sie die Änderungsphase als kleines Experiment für sich selbst: Sie probieren dreimal aus, was passiert, wenn ... (Sie z. B. Aufträge delegieren, die Sie früher lieber selbst in die Hand genommen hätten). Wenn es dreimal schief geht, dürfen Sie weiter machen wie bisher.*
- *Machen Sie sich zur Führungskraft mit Führungskraft! Legen Sie Wert auf die Persönlichkeitsmacht, nicht nur auf die Positionsmacht, die Sie ohnehin schon haben! Die Persönlichkeitsmacht wird Ihnen vom Mitarbeiter zugestanden bzw. verliehen – ohne dass Sie sie einfordern können.*

Selbstcheck »Fragen im Gespräch«

»Wer viel spricht, erfährt wenig.« Fragen Sie sich darum einmal selbst:
- *wann Ihre Mitarbeiter zum letzten Mal einen Vorschlag eingebracht haben*
- *wie hoch Ihr Redeanteil beim letzten Gespräch mit einem Mitarbeiter war*
- *ob und wie häufig Sie den Mitarbeiter dazu eingeladen haben, seine eigenen Ideen oder Sichtweisen nahe zu bringen*
- *wie Sie dann mit diesen Antworten umgegangen sind, ob Sie sie aufgegriffen und diskutiert oder ignoriert haben*
- *ob Sie am Ende des Gesprächs den Mitarbeiter gefragt haben, ob aus seiner Sicht alle wesentlichen Aspekte bedacht wurden oder ob noch etwas fehlt*

Checkliste »Grenzen der Führungskraft«

Die Grenzen der Führungskraft im Umgang mit belasteten Mitarbeitern sind spätestens dann erreicht, wenn
- *man mehrfach wegen desselben Mitarbeiters abends nicht abschalten kann*
- *man mehrfach privat (z. B. mit dem Partner) über den Mitarbeiter redet*
- *man ein schlechtes Gewissen hat, weil man glaubt, man müsste mehr tun*
- *man Angst um den Mitarbeiter hat (z. B. bei Suizidverdacht)*
- *der Mitarbeiter dauerhaft große Leistungsdefizite zeigt*
- *man keine – auch nicht zeitlich begrenzte – Besserung beobachten kann*
- *man sich selbst zum zweiten Mal um Informationen kümmert, die sich der Mitarbeiter selbst besorgen sollte*
- *man sich dabei beobachtet, wie man aggressiv reagiert, wenn der Mitarbeiter die Lösungsvorschläge, die man ihm anbietet, nicht akzeptiert*
- *man das Gefühl hat, der Mitarbeiter vertraut einem zu viel an privaten Informationen an (hierbei gilt es zu akzeptieren, dass diese Grenzen von Mensch zu Mensch unterschiedlich weit gesteckt sind)!*

Checkliste »Abschalten/Umschalten«

- Noch am Arbeitsplatz einen Plan für den morgigen Tag machen – was Sie aufgeschrieben haben, braucht nicht mehr in Ihrem Kopf unter »nicht vergessen!« umherzuspuken.
- Ebenfalls noch am Arbeitsplatz: den vergangenen Tag noch einmal Revue passieren lassen. Schreiben Sie ruhig auf, was Sie gut gemacht haben und was Sie beim nächsten Mal anders machen möchten, weil es Ihnen noch nicht so ganz gefallen hat; notieren Sie auch, worüber Sie sich geärgert haben, welches Gespräch Sie demnächst einmal führen müssen etc. Das leert und klärt Ihren Kopf.
- Diese Rückschau können Sie auch im Auto vornehmen, bevor Sie den Schlüssel herumdrehen.
- Vielleicht haben Sie in diesem Augenblick auch Lust, eine Entspannungsübung in Ihren Alltag einzubauen.
- Oder Sie starten vorher schon Ihr Abschalt- und damit: Ihr Umschalt-Programm, indem Sie tief ausatmen und die Schultern bewusst nach unten führen, wenn Sie die Bürotür schließen oder auschecken.
- Auf der Heimfahrt hören Sie vielleicht Ihre Lieblingscassette (regelmäßig die gleiche, oder wenigstens den gleichen Sänger/die gleiche Gruppe, damit sich dieser Auslösereiz auch wirklich festsetzt).
  - Am besten ist es natürlich, Sie fahren gleich mit dem Rad.
  - Zu Hause angekommen können Sie
  - sich umziehen
  - mit dem Partner einen Kaffee trinken
  - ein Bad nehmen
  - mit dem Hund rausgehen
  - eine Runde joggen
  - mit den Kindern spielen
  - sich nach Absprache für zehn Minuten von Frau/Mann und Kindern zurückziehen und erst einmal eine Entspannungsübung machen, Musik hören o.ä.

Im Prinzip ist es völlig egal, was Sie machen. Wichtig ist nur, dass Sie überhaupt irgendetwas machen, und zwar jeden Tag dasselbe Ritual – für mindestens drei Wochen ohne Ausnahme(Arbeits-)tage. Nur so kann die gewählte Tätigkeit wirklich zum Signalreiz für Umschalten werden.

Checkliste »Schlafhygiene«

- *Abends im Bett herrscht absolutes Grübelverbot. Wenn Sie merken, dass es in Ihrem Kopf anfängt zu kreisen, dann sollten Sie aufstehen, den Raum verlassen und sich mit völlig anderen (unaufregenden!) Dingen beschäftigen.*
- *Im Bett sollten Sie wirklich nur zwei Dinge tun: Schlafen und Sex. Wenn Sie weder mit dem einen noch mit dem anderen beschäftigt sind (Schummeln gilt nicht!), heißt es: Raus aus dem Bett!*
- *Und auch die Liegeposition, das Sich-in-die-Waagerechte-Begeben (auch im Sessel) sollten Sie dem Bett vorbehalten. Also noch einmal: Liegen Sie nicht beim Lesen, nicht beim Fernsehen, nicht beim Ausruhen. Liegen Sie nur, wenn wirklich Schlafenszeit ist und Sie innerhalb einer halben Stunde tatsächlich einschlafen.*
- *Es tut gut, sich vor dem Einschlafen noch einmal mit einem Lächeln an die Wohlfühlerlebnisse des Tages zu erinnern und auch bewusst zu spüren, wie gut es tut, sich jetzt behaglich in die warmen Federn zu kuscheln, bis man gar nicht mehr weiß, wo der Körper aufhört und wo das Federbett beginnt, so dass ganz von selbst mit jedem Atemzug ein tieferes Los-Lassen und Ent-Spannen möglich wird und sich der Schlaf ganz von allein über einen beugt, bis man gar nicht mehr weiß, ob man schon schläft oder ob man lieber noch tiefer und noch tiefer entspannen möchte.*
- *Gute Nacht!*

Leitlinie »Self Care für Führungskräfte«

- *Demonstrieren Sie sich selbst, dass Sie sich »o.k.« finden, indem Sie sich täglich bewusst etwas Gutes tun oder gönnen (ein Bad, einen bewusst beobachteten Sonnenuntergang, einen Tee vorm Einschlafen, eine Pause während des Lieblingsliedes im Radio, einen liebevoll gedeckten Tisch, ein Lächeln beim Blick in den Spiegel). Ob ich mich selbst wertschätze, macht sich an solchen Kleinigkeiten fest.*
- *Voraussetzung für einen tatkräftigen, liebevollen Umgang mit sich selbst ist die Einstellung: »Das steht mir zu! Das hab ich mir verdient (und zwar einfach, weil es mich gibt, und nicht aufgrund toller Leistungen)!«*
- *Akzeptieren Sie die »Einsamkeit des Vorgesetzten«! Das bedeutet ja, Sie müssen sich in erster Linie selbst die Anerkennung für Ihre Führungstätigkeit aussprechen. Also tun Sie das auch, z.B. abends vor dem Einschlafen oder am Ende eines Arbeitstages: Sprechen Sie sich selbst Anerkennung aus! Seien Sie ruhig verschwenderisch mit dem Lob für sich selbst: Vielleicht gibt es ja einiges nachzuholen ...*
- *Keine Arbeit der Welt ist es wert, dass Ihre Gesundheit dabei draufgeht! Nehmen/Halten Sie Abstand in arbeitsfreien Intervallen! Schaffen Sie sich ein Ritual, mit dem Sie sich täglich von Ihrer Arbeit verabschieden, bevor Sie auf Freizeit umschalten! Schaffen Sie Abstand durch Aufschreiben!*
- *Tun Sie sich etwas Gutes, indem Sie den Austausch mit Kollegen und private Sozialkontakte bewusst pflegen. Sie helfen Ihnen, auch schwierige Zeiten gut durchzustehen.*
- *Lernen Sie, Ihre Grenzen zu erkennen, z.B. im Umgang mit belasteten Mitarbeitern, und abgeben zu können (etwa an die Sozialberatung, den Betriebsarzt etc., vgl. Kapitel 9).*

Vertrag über mehr Self Care in meinem Leben

Ich nehme mir Folgendes vor:
_____

Das brächte mir folgende Vorteile:
1. _____
2. _____
3. _____

Es könnten sich folgende Barrieren auftun:
1. _____
2. _____

Damit könnte ich folgendermaßen umgehen:
1. _____
2. _____

Konkrete Schritte:
_____
_____

(Bis) Wann? _____

Soll mich jemand an meinen Vertrag erinnern?
☐ nein ☐ ja, und zwar:
_____

Wenn ich den Vertrag einhalte, werde ich mich folgendermaßen belohnen:
_____
_____

II. Gesundheitsgerechte Mitarbeiterführung

Checkliste »Tipps für schwierige Zeiten«

Um Mitarbeiter so schadlos wie möglich durch Umstrukturierungszeiten zu begleiten, sollten Führungskräfte die folgenden Regeln beachten:

- *Bei Veränderungen lautet die Grundfrage: Was bringt das mir als Mitarbeiter persönlich? Wenn ich das weiß, werde ich auch mit einer offenen Einstellung an die Veränderung herangehen. Andernfalls nicht. Deshalb ist Information das A und O in Zeiten der Umstrukturierung: Verzichten Sie auf Ihren Wissensvorsprung und informieren Sie alle so früh wie möglich!*
- *Thematisieren Sie Schwierigkeiten, kommunizieren Sie den Entscheid! Wut ablassen ist besser als Unter-den-Teppich-kehren!*
- *Bringen Sie zum Ausdruck, dass Sie den Trauerprozess (und auch manche überschießende Reaktion) verstehen! Zeigen Sie, dass Sie auch nur ein Mensch sind und mitfühlen!*
- *Rechnen Sie mit negativen Reaktionen: Es ist besser, diese werden einmal artikuliert, als dass von nun an ängstlich »Dienst nach Vorschrift« erfolgt! Angst blockiert und reduziert Leistungsfähigkeit und Wohlbefinden!*
- *Wenn die Wut Sie trifft: Nehmen Sie sie nicht persönlich, wenn Sie die Entscheidung nicht selbst zu verantworten haben!*
- *Erinnern Sie die Mitarbeiter an ihre Erfolge und Kompetenzen, auch außerhalb der Arbeit!*
- *Betonen Sie die Bedeutung stabilisierender Faktoren (z.B. Familie, Wochenend-Aktivitäten, Hobbies etc.)!*
- *Übrigens: Es ist ganz normal, dass Veränderungen (nach einem Seminar genauso wie nach einer Umstrukturierung) kurzfristige Leistungsein-*

brüche mit sich bringen! Das muss man vorher wissen (und z. B. den Mitarbeitern, die gerade eine Fortbildung absolvieren, auch deutlich sagen!).

Weitere Tipps finden Sie in Kapitel 8

Leitlinie »Wohlbefinden fördern«

- *Ermöglichen Sie Handlungsspielräume und übertragen Sie Verantwortung!*
- *Achten Sie darauf, dass Sie sich selbst wohlfühlen! Im nächsten Schritt werden Sie sich automatisch für das Wohlbefinden Ihrer Mitarbeiter interessieren!*
- *Berücksichtigen Sie in den Gefährdungsanalysen auch psychosoziale Belastungen! Fragen Sie Ihre Leute, wo der Schuh drückt!*
- *Sorgen Sie für eine selbstwertförderliche Arbeitsgestaltung – dazu gehören auch anspruchsvolle Ziele, die als Herausforderungen im positiven Sinne fungieren und das Selbstwertgefühl stärken können.*
- *Betrachten Sie Fortbildungen nicht als Kostenfaktor, sondern als strategische Investition, die zudem Ihren Mitarbeitern Erfolgserlebnisse und damit eine Stärkung des Wohlbefindens ermöglichen!*

Leitlinie »Arbeit ganzheitlich gestalten«

- *Ermöglichen Sie Handlungsspielräume, z. B. im Hinblick auf die Reihenfolge der Arbeiten!*
- *Gestalten Sie die Arbeitstätigkeiten abwechslungsreich!*
- *Ersetzen Sie Information durch Kommunikation! Fragen Sie nach, wo der Schuh drückt!*
- *Stärken Sie das Selbstwertgefühl und Selbstvertrauen Ihrer Mitarbeiter durch anspruchsvolle Tätigkeiten!*

- Beziehen Sie die Mitarbeiter mit ein bei Veränderungen der Arbeitsinhalte!
- Ermöglichen Sie Kooperation und Kommunikation am Arbeitsplatz! »Schwätzchen« sind gut fürs Wohlbefinden!
- Sorgen Sie dafür, dass die Pausen eingehalten werden!
- Ermöglichen Sie konstruktive Kritik!
- Seien Sie Vorbild bei den täglichen kleinen Dehnübungen am Arbeitsplatz!

Checkliste »Unternehmens-Depressions-Index (UDI)«

Maximal 42 Punkte können erreicht werden. Das Minimum liegt bei Null. 29 bis 42 Punkte entsprechen einer starken Unternehmens-Depression. 15 bis 28 bedeuten das Mittelfeld. Wenn das Unternehmen oder die Abteilung (natürlich kann man den UDI auch auf Ihre Abteilung beziehen) 0 bis 14 Punkte erzielt, dürfen die Betroffenen sich glücklich schätzen, denn die Motivations- und Leistungsverluste liegen im grünen Bereich: Das Miteinander hat wenig oder kaum depressive Züge.

[3] sehr   [2] etwas   [1] kaum   [0] garnicht

Liegt die Fehlzeitenquote deutlich über dem Branchendurchschnitt?   [3] [2] [1] [0]

Ist das Interesse der Belegschaft an Gemeinschaftsaktivitäten (Betriebsfeste, Mitarbeiterzeitungen etc.) gering?   [3] [2] [1] [0]

Hört man in Gesprächen pessimistische Sätze wie »Das hat doch eh keinen Zweck«?   [3] [2] [1] [0]

Sind Sanitäreinrichtungen und Sozialräume in einem heruntergekommenen Zustand?   [3] [2] [1] [0]

Herrscht im Unternehmen eine »Weltuntergangsstimmung«? ③ ② ① ⓪

Sieht man im Betrieb Beschäftigte in zusammengesunkener Körperhaltung? ③ ② ① ⓪

Wenn kritisiert wird: Gibt es dann mehr Vorwürfe als Wünsche für die Zukunft? ③ ② ① ⓪

Hört man im Betrieb eher selten ein Lachen? ③ ② ① ⓪

Scheinen die Beschäftigten erst nach Feierabend zu Leben zu erwachen? ③ ② ① ⓪

Werden von den Mitarbeitern eher selten Vorschläge eingebracht? ③ ② ① ⓪

Hört man Sätze, die Abwertungen oder Respektlosigkeit dem andern gegenüber ausdrücken? ③ ② ① ⓪

Herrscht der Eindruck vor, die Wettbewerber am Markt wären besser? ③ ② ① ⓪

Werden die Gründe für wirtschaftlichen Misserfolg fast ausschließlich beim Unternehmen gesehen (und nicht etwa bei der allgemeinen wirtschaftlichen Lage etc.)? ③ ② ① ⓪

Wenn Veränderungsvorschläge gemacht werden: Wird auf sie eher verhalten als aufgeschlossen reagiert? ③ ② ① ⓪

Leitlinie »Interesse am Mitarbeiter zeigen«

- *Lernen Sie Ihre Mitarbeiter kennen! Sprechen Sie Ihre Mitarbeiter mit Namen an!*
- *Begrüßen Sie sie per Handschlag (Blickkontakt nicht vergessen)! Ein Handschlag verpflichtet!*
- *Zeigen Sie Ihr Interesse an persönlichen Belangen des Mitarbeiters! (»Zu Hause alles klar, Herr Arglos?«, »Und? Schönes Wochenende gehabt?«)! Auch wenn Sie keine »tiefgehenden« Antworten bekommen: Sie signalisieren damit Ihr Interesse an der Person des Mitarbeiters!*
- *Sprechen Sie es ruhig an, wenn Sie Veränderungen beobachtet haben (neue Frisur, neue Pflanzen auf dem Schreibtisch, bessere Laune etc.) – selbst wenn Sie falsch liegen sollten: Ihr Interesse als solches wird positiv gewertet werden!*
- *Seien Sie häufig mit der Aufmerksamkeit bei den Mitarbeitern – und eben nicht nur, wenn's brennt!*
- *Pflegen Sie einen positiven, wohlwollenden Blick auf die Mitarbeiter!*
- *Suchen Sie den Kontakt zu Ihren Mitarbeitern, statt ihn zu meiden! Machen Sie regelmäßig Ihren Rundgang durch die Abteilung!*
- *Notieren Sie sich Geburtstage sowie Tage des Betriebseintritts, um bei diesen Anlässen den Mitarbeitern »Danke« sagen zu können! Manche Führungskräfte führen auch eine »Kompetenzkartei«, in der sie die Stärken und Erfolge jedes Mitarbeiters notieren.*
- *Führen Sie systematisch, das heißt regelmäßig und mit jedem Mitarbeiter, die oben genannten Willkommensgespräche!*

Leitlinie »Anerkennung geben«

- *Ein Lob ist umso besser, je konkreter es ausfällt. Und es ist unabhängig von der Sympathie, die man jemandem entgegenbringt, da es sich auf ein konkretes Verhalten und nicht auf die Person bezieht. Man kann durchaus jemanden loben (auch hierarchisch gleichrangig), mit dem man sich nicht besonders gut versteht, etwa »Michael, wir sind ja nicht unbedingt immer einer Meinung, aber wie du gerade dem Azubi erklärt hast, wieso der seine Schutzbrille aufsetzen soll, das fand ich sehr gut.«*

- *»Erwisch' ihn, wenn er gut ist!« Für das Thema Gesprächsführung gilt in den meisten Betrieben: Miteinander geredet wird eigentlich immer nur dann, wenn etwas schief gelaufen ist. Ändern Sie das! Nutzen Sie positive Ereignisse als Anlass für Gespräche mit Ihren Mitarbeitern! Achten Sie stärker auf die 98 Prozent der Arbeit, die Ihre Leute gut machen, als auf die zwei Prozent, die schief laufen!*
- *Lob muss unbedingt echt sein. Das ist es immer dann, wenn es auf konkreten Beobachtungen eines konkreten Verhaltens beruht. Das setzt voraus, dass ich vorher genau hingeguckt habe, dass ich mit dem Mitarbeiter im Kontakt war, so dass ich mir ein Bild von ihm und seinem Leistungsniveau machen konnte.*
- *Dementsprechend: Wer wahllos Kleinigkeiten lobt, dessen Lob hat genau die entgegengesetzte Wirkung. Fragen Sie sich stattdessen: Kenne ich die größte Stärke jedes Mitarbeiters?*
- *Wer in Feedbackgesprächen (z.B. Mitarbeiterjahresgesprächen) fast ausschließlich über die fünf Prozent der Mitarbeiterleistung spricht, die ihm negativ aufgefallen sind, und über die guten 95 Prozent schweigt, provoziert im Mitarbeiter die genau umgekehrte Vorstellung, dass er nur fünf Prozent seiner Leistung gut findet und dagegen 95 Prozent mangelhaft! Klären Sie die Verhältnisse!*
- *Unterbrechen Sie den Misserfolgskreislauf von mangelnder Würdigung der Leistungen des Mitarbeiters über nachlassende Motivation, negative Kritik von Seiten des Vorgesetzten und weiter nachlassende Motivation. Setzen Sie stattdessen den Erfolgskreislauf in Gang, indem Sie auf die motivierende Wirkung von Lob und Anerkennung setzen!*
- *Nie vergessen: Psychische Voraussetzung für das Aussprechen von Anerkennung für die Leistungen anderer ist das Aussprechen von Anerkennung für eigene Leistungen – also: Eigenlob stimmt! Und es tut gut!*

👍 *Es gilt: Der Mensch ist, was er denkt. Was er denkt, strahlt er aus. Was er ausstrahlt, zieht er an. Also nie vergessen: »Ich bin o.k., du bist o.k.«!*

👍 *»Anerkennungs-Faustregel«: Loben Sie dreimal, bevor Sie einmal kritisieren! Natürlich müssen Sie auch negative Kritik üben, wenn sie nötig ist. Aber jeder weiß aus eigener Erfahrung: Ein Lob nimmt man lächelnd entgegen, vergisst es aber meist schnell wieder. Eine negative Kritik dagegen bringt einen oft für Stunden ins Grübeln.*

👍 *Sorgen Sie für Fortbildungen und Aufstiegsmöglichkeiten! Sie stellen Auszeichnungen dar!*

👍 *Nutzen Sie Anerkennungsgespräche als Motivationsinstrument! Geld wird häufig vor allem dann als Motivationshilfe betrachtet, wenn die Selbstmotivation durch die Vorgesetzten systematisch zerstört wurde – dann ist Geld »das Einzige, was man hier kriegen kann«.*

Checkliste »Richtig kritisieren«

- *nie ironisch oder sarkastisch, sondern grundsätzlich auf die Sache bezogen (dabei aber ruhig auch den eigenen Ärger zeigen – das schließt sich nicht aus!)*
- *nie in Gegenwart Dritter, sondern grundsätzlich unter vier Augen*
- *nie am Telefon oder schriftlich, sondern grundsätzlich mutig im Gespräch*
- *nie mehrere Kritikanlässe in einem Aufwasch, sondern grundsätzlich maximal zwei Kritikpunkte, und zwar zeitnah zum Geschehen – das ist auch für Ihre eigene Gesundheit besser, weil Sie durch rechtzeitiges Dampfablassen verhindern, dass sich in Ihnen Wut aufstaut!*
- *nie mit Worten wie »immer« oder »nie« kritisieren (»Sie sind immer so unkonzentriert«), sondern grundsätzlich auf eine konkrete Situation bezogen (»Gestern ist mir aufgefallen ...«)*
- *nie Kritisieren um des Kritisierens willen, sondern grundsätzlich mit dem konstruktiven Ziel der späteren Verhaltensänderung*
- *nie Kritik an der Person, sondern grundsätzlich nur am Verhalten.*

Grob gesagt: Sie sollten mit den Mitarbeitern so sprechen, dass Ihre Formulierungen grundsätzlich umkehrbar sind. Damit ist gemeint, dass die Formulierungen im Prinzip auch von Ihren Mitarbeitern benutzt werden könnten. Ein Beispiel: »Ich möchte Sie gern kurz sprechen. Haben Sie einen Augenblick Zeit?« statt »Kommen Sie doch mal her!« Auch ein Satz wie »Was ist denn das hier wieder für ein Blödsinn?« wird einem Mitarbeiter in Gegenwart des Chefs vermutlich eher selten rausrutschen – und sollte daher auch nicht vom Vorgesetzten geäußert werden. Dahinter steht das alte Prinzip: »Was du nicht willst, dass man dir tu, das füg' auch keinem andern zu«.

Leitlinie »Belastungen abbauen/Ressourcen fördern«

- *Nehmen Sie schwierigen Situationen den Stress, indem Sie Ihre Mitarbeiter an Erfolge erinnern (»Ganz ruhig! Sie haben doch schon ganz andere Sachen hinbekommen! Denken Sie nur daran, wie Sie damals ...«)! So sorgen Sie dafür, dass sein Selbstwertgefühl und damit sein Leistungsniveau stabil bleiben.*
- *Signalisieren Sie durch Ihre Stimme (Lautstärke, Tonfall, Geschwindigkeit), dass eine Aufgabe besser langsam und sorgfältig als in Hektik und fehlerhaft ausgeführt werden soll; vor allem langsam und mit ruhiger tiefer Stimme gesprochene Worte übertragen Ruhe auf den Mitarbeiter! Sie sind Ausdruck Ihrer Vorbildfunktion!*
- *Seien Sie auch Vorbild bei den täglichen kleinen Dehnübungen im Büro, z. B. bei der Übung »Urlaub« (vgl. Kapitel 4):*
Geben Sie gerade im Stress Signale der sozialen Unterstützung, so dass Ihre Mitarbeiter wissen, Sie sind für sie da und stehen hinter ihnen!

Informieren Sie sich, wie Sie mit belasteten Mitarbeitern umgehen sollten! (Kapitel 9).

Leitlinie »Für ein gutes Betriebsklima sorgen«

☺ *Begrüßen Sie Ihre Mitarbeiter morgens freundlich!*
☺ *Sorgen Sie dafür, dass die Sozialräume dazu einladen, sich dort zu treffen!*
☺ *Seien Sie dran am Klima (d.h. gehen Sie mit offenen Ohren – und vielleicht auch mal mit einer Dose Schoko-Toffees durch ihre Abteilung – und hören, wo der Schuh drückt)!*
☺ *Suchen Sie Kontakt zu allen Mitarbeitern (ohne »Lieblinge« zu haben)!*
☺ *Informieren Sie Ihre Mitarbeiter frühzeitig und umfassend über Belange des Unternehmens und der Abteilung, um so der Entstehung von Gerüchten vorzubeugen!*
☺ *Achten Sie bewusst auf Dinge, die Sie lächeln lassen!*
☺ *Ermuntern Sie Ihre Mitarbeiter dazu, ihren Arbeitsplatz durch Bilder, Pflanzen etc. so zu gestalten, dass sie sich dort wohl fühlen!*
☺ *Halten Sie sich an die Anerkennungs-Regel: Dreimal loben, bevor man einmal kritisiert!*
☺ *Pflegen Sie einen freundlichen und höflichen Umgangston!*
☺ *Sorgen Sie dafür, dass Sie und Ihre Mitarbeiter sich auch außerhalb des betrieblichen Rahmens treffen können (Feiern, Betriebsausflüge etc.), wo dann der Spaß im Vordergrund steht!*
☺ *Achten Sie auf Ordnung und Sicherheit!*
☺ *Sorgen Sie für gute Laune!*
☺ *Denken Sie daran: Führung braucht Herz(lichkeit)!*

Leitlinie »Mobbing-Prävention«

- *Nie hoffen »Das wird schon wieder«! Frühzeitig einschreiten! Das heißt:*
- *In die Offensive gehen: Offen und mit großem Nachdruck ansprechen, dass Sie keine Mobbinghandlungen und überhaupt keine Form von Ausgrenzung oder Schikane dulden werden! Konsequenzen aufzeigen (bis hin zur Abmahnung)!*

- *Nie vergessen: (Zwischenmenschliche) Störungen haben Vorrang!*
- *Da sein für Mitarbeiter, die über Mobbing klagen! Ihre Beschwerden ernst nehmen – auch Aufschreiben gehört dazu! Ihnen den Rücken stärken für das Ansprechen der »Täter«!*
- *Arbeit so organisieren, dass gegenseitige Unterstützung unabdingbar ist! Den Teamgedanken betonen!*
- *Nicht zulassen, dass Konflikte unter den Teppich gekehrt werden! Sie gehören zum Arbeitsleben dazu – gefährlich werden sie erst, wenn sie nicht offen ausgetragen werden!*
- *Nie über Abwesende sprechen! Sich nie an Lästereien beteiligen! Sich auch nie an harmlosem Klatsch beteiligen!*
- *Ein Auge darauf haben, dass neue Mitarbeiter gut ins Team integriert werden!*
- *Durch Qualifizierungsmaßnahmen Weiterentwicklung ermöglichen!*
- *Selbst als Beispiel für Offenheit vorangehen! Sich durchschaubar und damit berechenbar machen!*

Leitlinie »Für Klarheit sorgen«

(i) *Pflegen Sie einen klaren Ausdruck – eindeutig in Mimik und Wortinhalt! Mehrdeutigkeit ist immer ein Zeichen von Unsicherheit!*

(i) *Erteilen Sie eindeutige, klare Aufträge! Vereinbaren Sie klare Ziele! Damit geben Sie Ihren Mitarbeitern Orientierungshilfe und die Möglichkeit, Erfolge zu erzielen!*

(i) *Geben Sie klare Rückmeldung über erbrachte Leistungen! Sie zeigen damit, dass Sie die Erfolge Ihrer Mitarbeiter sehen!*

(i) *Geben Sie klare Informationen! Informieren Sie alle Mitarbeiter frühzeitig über Belange des Unternehmens und der Abteilung! Damit beugen Sie Gerüchten schon im Ansatz vor!*

(i) *Sorgen Sie für klare Grenzen! Sie sind kein guter Kumpel (zumindest nicht nur): Sie sind der Chef!*

- Geben Sie klare Versprechen, die Sie halten können (z. B. beim Thema Aufstiegschancen)! Stehen Sie zu Ihrem Wort!
- Geben Sie Ihren Mitarbeitern Sicherheit durch eindeutige und klare Entscheidungen! Führungskräfte müssen führen!
- Machen Sie es Ihren Leuten leicht, sich ein klares Bild von Ihnen zu machen: Haben Sie keine Scheu, Fehler einzugestehen! Sie machen menschlich! Machen Sie sich durchschaubar und damit berechenbar!

Leitlinie »Konstruktive Gesprächsführung«

- Kein »den-Gesprächen-aus-dem-Wege-gehen«, sondern Gespräche bewusst suchen und führen – das Wichtigste überhaupt!
- Kein »Ich-weiß-es-eh-alles-besser-und-nehm-euch-das-Denken-ab«, sondern: Die Meinung Ihrer Mitarbeiter ist wichtig! Führen Sie mit Fragen (»W-Fragen«: was, wie viel, bis wann, welche, was noch)!
- Kein pro-forma-zur-Kenntnis-Nehmen, sondern: Zeigen Sie, dass Sie zuhören! Greifen Sie Argumente der Mitarbeiter auf und gehen Sie darauf ein! Nie vergessen: Sie sind auch in puncto Kommunikation ein Vorbild für Ihre Leute (in Worten, Taten, Mimik, Laune, Lob, Ton) – und zwar unabhängig davon, ob Sie sich vorbildlich verhalten oder nicht.
- Keine Fragen wie »Warum gibt es das Problem?« oder »Bei wem liegt die Schuld?«, sondern »Wie können wir es lösen?« oder »Wie können wir so etwas in Zukunft verhindern?« – Also keine Vorwürfe, sondern stattdessen Wünsche für die Zukunft (»VW-Regel« [47]).
- Keine Vergleiche (»Das muss besser werden!«, »Sie müssen das schneller erledigen«, »Diesmal bitte nicht wieder so langsam wie beim letzten Mal!«), sondern absolute Formulierungen (»in drei Tagen«, »bis morgen«, »zweimal kontrollieren«).
- Kein »Das darf doch nicht wahr sein!« oder »Wie konnte das denn passieren?!«, sondern besser: »Wie können wir verhindern, dass sich so etwas wiederholt?«

(?) *Kein ironisches »Das haben Sie ja wieder mal prima hingekriegt!«, sondern konkret und ruhig emotional: »Das ärgert mich wirklich sehr, denn der Kunde ist so wichtig für uns! Ich möchte, dass Sie in Zukunft diese Aufträge von einem Kollegen quer lesen lassen, bevor sie das Haus verlassen! Können wir uns darauf einigen?«*

(?) *Keine Sätze wie »Sie sind dafür verantwortlich!« – sie können den Mitarbeiter unter Druck setzen. Fragen Sie stattdessen besser: »Bis wann können Sie das schaffen?«, »Welche Unterstützung benötigen Sie noch?« oder »Wer will das machen?« Diese Fragen führen dazu, dass der jeweilige Mitarbeiter von sich aus die Verantwortung für den Auftrag übernimmt.*

Checkliste: »Veränderungen/Auffälligkeiten bei Mitarbeitern«

Veränderungen im Leistungs- und Sozialverhalten
  ungewohnte Leistungsschwankungen
  Fehlerzunahme
  Verlangsamung
  zunehmende Unpünktlichkeit
  ungewohnt hektisches Verhalten
  Fehlzeitenzunahme
  ungewohnter sozialer Rückzug
  übersteigertes Misstrauen
  ungewohnte Disziplinlosigkeit
  übersteigertes Redebedürfnis
  übersteigertes Waschbedürfnis

Veränderungen im Denken
  zunehmende Konzentrationsstörungen
  häufiger geistig abwesend wirken

unlogisch wirkende Äußerungen
ungewohntes Vergessen von Aufträgen
ungewohnt häufiges Abschweifen im Gespräch

Veränderungen im Fühlen
ungewohnte Erregbarkeit
Schreckhaftigkeit
Aggressivität
ungewohnt starre Mimik, weniger Lachen
Äußern von Lebensüberdruss
Äußern von Minderwertigkeitsgefühlen oder Versagensängsten

Veränderungen im körperlichen Bereich
Verwahrlosung
gebeugte Haltung
Zittern
ungewohnt steife, unbeweglich wirkende Körperhaltung
Schweißausbrüche
Berichte über Schlafstörungen oder fehlendes Schlafbedürfnis

Leitlinie »Gespräch mit dem belasteten Mitarbeiter«

1. Man sollte im Alltag die Stress-Symptome oder das Krankheitsverhalten nicht ignorieren, sondern kurz ansprechen, dass man die Symptome bemerkt hat, z. B.: »Tut der Rücken wieder weh? Sie Arme. Rufen Sie doch mal diesen Kunden an, sobald es wieder geht.«
Wenn dies gehäuft auftritt, ist es Zeit für ein Gespräch. Suchen Sie früh das Gespräch! Sorgen Sie dafür, dass nicht hinter dem Rücken des Betroffenen gesprochen wird! Bereiten Sie sich auf das Gespräch vor! Um sich selbst für so ein schwieriges Gespräch zu motivieren:

- *Fragen Sie sich, was passiert, wenn nichts passiert, wenn Sie also nicht eingreifen.*
- *Fragen Sie sich, welche Auswirkungen das Nicht-Eingreifen für den Mitarbeiter, Ihr Team und Sie selbst hat.*

Wenn Sie die Antworten auf diese Fragen in Beziehung setzen zu dem doch zeitlich recht begrenzten Herzklopfen und unguten Gefühlen in der Magengegend, werden Sie vermutlich zu dem Schluss kommen, dass es Sinn macht, das Gespräch zu führen und nicht auf die lange Bank zu schieben. Der auffällige Mitarbeiter fühlt sich wahrscheinlich noch viel unsicherer als Sie.

2. Es sollte für eine ruhige und – sofern dem Mitarbeiter möglich – entspannte Atmosphäre gesorgt werden. Aber: Haben Sie nicht den Anspruch völlig entspannt zu sein – wenn Sie warten, bis Sie völlig entspannt in das Gespräch gehen, werden Sie es vermutlich nie führen …!

3. Im Gespräch mit dem betroffenen Mitarbeiter sollten Sie zunächst sachlich darauf hingewiesen, welche Verhaltensbesonderheiten und Veränderungen Ihnen aufgefallen sind. Verwenden Sie nicht die »Diagnose« (»Ich habe den Eindruck, Sie sind depressiv«), sondern beschreiben Sie nur, und zwar möglichst wertfrei, z. B.:

    (?) *»Mir ist aufgefallen, dass Sie seit drei Wochen manchmal wie abwesend wirken. Und der Bericht, den Sie mir vorgestern gegeben haben, enthielt viele Rechtschreibfehler.«*
    (statt: »Haben Sie ein Problem?« – »Wieso? Nee.« – »Weil Sie so flüchtig arbeiten und bergeweise Fehler machen«).

    (?) *»Das kenne ich gar nicht von Ihnen.«*
    (statt: »So kenne ich Sie gar nicht.« Diese Aussage bezieht sich auf die ganze Person; damit ist die Gefahr groß, dass der Mitarbeiter sich als gesamte Person abgewertet fühlt, was leicht zu einer trotzigen Verteidigungshaltung Anlass geben kann.) Sie drücken damit

aus, dass es sich tatsächlich um eine Veränderung des Mitarbeiters handelt, die Ihnen aufgefallen ist.

4. Fragen Sie nie, ob der Betroffene ein Problem hat. Ein »ob« ist immer eine Einladung zum »Nein«. Und die Frage wirkt wie die abwertende Unterstellung »Sie haben ein Problem«. Fragen Sie stattdessen,
   (?) »Was ist los?«
   Durch diese offene Formulierung fühlt der Mitarbeiter sich nicht angegriffen. Wenn Sie unbedingt nachhaken wollen, fragen Sie höchstens, ob er Sorgen hat oder mit etwas unzufrieden ist. Der Respekt vor dem Mitarbeiter gebietet es, dass der Vorgesetzte es diesem selbst überlässt, sich zu den Gründen für den Leistungsabfall zu äußern! Und in der Regel wird der Mitarbeiter sie an dieser Stelle im Gespräch auch von sich aus nennen

5. Dann geht es darum, deutlich zu machen, dass man sich Sorgen um den Mitarbeiter macht. Und man sollte ausdrücken, dass man den Mitarbeiter gern unterstützen möchte. Also:
   (?) »Ich mache mir Sorgen um Sie. Und ich möchte Sie da gerne unterstützen.«

6. Dabei ist es unverzichtbar, jetzt nicht mit Vorschlägen aufzuwarten, sondern den Betroffenen zu fragen, was er dazu meint. Und was er denn glaubt, was er denn brauchen würde (bewusst so offen formulieren):
   (?) »Was brauchen Sie?«
   und nicht als geschlossene Frage, etwa: »Brauchen Sie Hilfe?«, denn darauf würden nur ganz extrem Verzweifelte mit »Ja« antworten. Mit der geschlossenen Frage lädt man – insbesondere Menschen mit viel Stolz – quasi ein zum Neinsagen, denn die Antwort »ein bisschen« ist zu abwegig. Nur wenn der Mitarbeiter von sich aus keine Vorschläge macht, sollte die Führungskraft vorsichtig einzelne Kontaktmöglichkeiten ins Gespräch bringen. Es ist grundsätzlich immer besser, wenn Lösungsvor-

schläge vom Mitarbeiter selbst kommen, weil dieser dann auch bedeutend eher bereit ist, die Vorschläge in die Tat umzusetzen.

Erst wenn deutlich wird, dass der Mitarbeiter keine Hilfe möchte, sollten Sie ihm vorschlagen, Kontakt aufzunehmen mit der Sozialberatung, dem Betriebsarzt oder anderen Stellen. Wenn Sie möchten, können Sie ihm auch die entsprechende Telefonnummer oder Adresse geben; besser ist aber natürlich, der Mitarbeiter kümmert sich selbst um diese Informationen.

7. Wenn Sie sich in so einem Gespräch unwohl fühlen, dann sagen Sie das ruhig. Machen Sie deutlich, dass ein solches Gespräch ja auch für Sie eine ungewohnte Situation darstellt und dass Sie sich dabei etwas komisch fühlen. Ehrlichkeit entwaffnet: Sprechen Sie ruhig aus, dass Sie sich unwohl fühlen – der andere spürt es ohnehin. Und es spricht für Sie, wenn Sie kein kalter Eisklotz sind, der so ein Gespräch ohne jede innerliche Regung führt.

    (?) »Für mich ist das auch ein komisches Gefühl. Ich führe solche Gespräche ja auch nicht alle Tage. Aber ich bin ja schließlich verantwortlich für Ihre Gesundheit und natürlich für Ihre Arbeitsleistung. Und da hat es halt in den letzten zwei Wochen diese Auffälligkeiten gegeben, die es früher so nicht gab.«

8. Zum Abschluss dieses Gesprächs sollte ein Termin vereinbart werden, zu dem ein zweites Gespräch geführt wird, um sich über Veränderungen auszutauschen.

9. Wer möchte, kann jetzt noch seiner eigenen Erleichterung Ausdruck verleihen (»Ich finde es gut, dass wir das jetzt angehen wollen«), aber ohne »nachzukarten«, etwa mit Worten wie »denn es belastet ja doch ziemlich das Klima im Team«. Denn damit würde die soeben getroffene Einigung wieder in Frage gestellt: Dieser neue, den Mitarbeiter zusätzlich belastende Aspekt würde dazu führen, dass der Mitarbeiter glaubt,

sich verteidigen zu müssen, zumindest aber Stellung zu beziehen – und damit wäre man vom Ende des Gesprächs wieder weit entfernt.

10. *In einem zweiten Gespräch sollten Sie, falls keine Verbesserung eingetreten ist, deutlich machen, dass Sie die Kontaktaufnahme zu einer der genannten Stellen von ihm erwarten. Fragen Sie ihn auch ruhig nach seinen Hinderungsgründen, und ob es denn andere Menschen im Betrieb (Betriebsrat, Kollege, Betriebsarzt, Schwerbehindertenvertretung) gibt, mit denen ihm ein Gespräch leichter fiele.*

Wenn der Mitarbeiter immer noch keine Mitwirkungsbereitschaft signalisiert, bitten Sie von sich aus eine betriebliche Kontaktperson (meist ein Betriebsratsmitglied), dem Mitarbeiter ein Gesprächsangebot zu machen. Wenn auch dies nicht fruchtet, weisen Sie den Mitarbeiter darauf hin, dass ein Besuch bei einer der in Frage kommenden Stellen (z. B. beim psychosozialen Dienst) – und damit: seine Mitarbeit bei der Lösung der Probleme – unbedingt erforderlich ist; andernfalls drohen arbeitsrechtliche Konsequenzen. Aussagen über die Auswirkungen auf den Betrieb sollten Sie frühestens im zweiten, besser aber erst in diesem dritten Gespräch machen – und auch das nur, wenn sich keine Verbesserung eingestellt hat. Wenn sich dagegen Besserungen abzeichnen, wäre es fatal, sich – selbst wenn man dabei lacht und noch so herzlich ist – zu Aussagen hinreißen zu lassen wie »Ein Glück, dass Sie die Kurve noch gekriegt haben; wir haben schon gedacht, wir müssten uns von Ihnen trennen« (oder auch nur: »Ihre Kollegen haben schon alle am Rad gedreht, weil sie die Mehrarbeit übernehmen mussten«). Es mag ja sein, dass diese Sätze die damalige Lage treffend beschreiben, sie sorgen jedoch beim Betroffenen für einen Missklang. Er wird den anderen zukünftig mit Misstrauen entgegen treten.

Checkliste »Wichtige Beratungs- und Anlaufstellen«

- *»Psychosozialer Wegweiser« (existiert nicht für alle Städte), meist herausgegeben vom Gesundheitsamt, enthält sämtliche wichtigen Adressen*
- *psychosoziale Dienste (PsD) gibt es in jeder Stadt*
- *kirchliche Beratungsstellen für Familien-, Ehe- und Lebensfragen*
- *Drogen- und Jugendberatung*
- *Verzeichnis von Selbsthilfegruppen (z. B. Anonyme Alkoholiker), oft in der Volkshochschule erhältlich*
- *Schuldnerberatungen, z. B. an der Verbraucherzentrale*
- *rund um die Uhr hilft die Telefon-Seelsorge (meist sehr gut qualifizierte Berater!): 0800 111 0 111 oder 0800 111 0 222*
- *»Gelbe Seiten« enthalten im vorderen Teil auch häufig entsprechende Rufnummern.*

III. Care Cards

Tipps zum Selbstmanagement

☺ *Wenn Sie diese Karte sehen: Gönnen Sie sich eine kleine Auszeit!*

☺ *Gehen Sie liebevoll mit sich um – auch in Gedanken: Loben Sie sich!*

☺ *Tun Sie sich heute etwas Gutes – Sie haben es sich verdient!*

☺ *Sie wissen, dass Sie gut sind – erinnern Sie sich an Ihre Erfolge!*

☺ *Machen Sie einmal kurz »Urlaub« – das entspannt und befreit!*

☺ *Lächeln Sie in sich hinein – das tut gut und steckt an!*

Tipps zur gesundheitsgerechten Mitarbeiterführung

☺ *Heute schon jemanden gelobt? – »Erwisch ihn, wenn er gut ist!«*

☺ *Der wichtigste Mensch in Ihrem Leben? – Sie selbst!*

☺ *Denken Sie an Ihre Vorbildfunktion! – Auch in puncto Wohlbefinden im Beruf!*

☺ *Höflich und freundlich, aber sicher: Der Ton macht die Musik!*

☺ *Wie steht's um Ihr Menschenbild? – Mit Vertrauen statt mit Kontrolle führen!*

☺ *Führung braucht Herz: Zeigen Sie Gesicht – Ihr Lächeln kann anstecken!*

☺ *Do care! Das heißt: Passen Sie auf – auf den Mitarbeiter und auf sich!*

Zum Nach- und Weiterlesen

Literaturverzeichnis

1. Badura, B., Litsch, M. & Vetter, Chr. (2000). *Fehlzeiten-Report 1999. Psychische Belastung am Arbeitsplatz.* Berlin: Springer.
2. Badura, B., Litsch, M. & Vetter, Chr. (2001). *Fehlzeiten-Report 2000. Zukünftige Arbeitswelten: Gesundheitsschutz und Gesundheitsmanagement.* Berlin: Springer.
3. Badura, B., Ritter, R. & Scherf, M. (1999). *Betriebliches Gesundheitsmanagement – ein Leitfaden für die Praxis.* Berlin: Ed. Sigma.
4. Bengel, J., Strittmatter, R. & Willmann, H. (1998). *Was erhält Menschen gesund? Antonovskys Modell der Salutogenese – Diskussionsstand und Stellenwert. Eine Expertise.* Köln: Bundeszentrale für gesundheitliche Aufklärung.
5. Lasogga, F. & Gasch, B. (2000). *Psychische Erste Hilfe bei Unfällen: Kompensation eines Defizits.* Edewecht: Stumpf & Kossendey.
6. Brandenburg, U., Nieder, P. & Susen, B. (2000). *Gesundheitsmanagement im Unternehmen.* Weinheim: Juventa.
7. Bundesvereinigung der Deutschen Arbeitgeberverbände (2000). Führungskräfte ohne Kräfte. *KND Nr. 1, 11.01.2000.*
8. Kaluza, G. (1998). Gelassen und sicher im Stress. Berlin: Springer.
9. Dittmann, A. & Müller, H.-Y. (2001). Chefsache. Betriebliche Gesundheitsförderung beginnt beim Verhalten der Vorgesetzten. Faktor Arbeitsschutz, 03/01.
10. Eckardstein, D. v. (1995). *Psychische Befindensbeeinträchtigungen im Betrieb. Herausforderungen für Personalmanager und Gesundheitsexperten.* München: Hampp.
11. Europäische Kommission, »Sicherheit und Gesundheit bei der Arbeit«, Generaldirektion Beschäftigung und Soziales (1999). *Stress am Arbeitsplatz – ein Leitfaden.*

12. Galliker, D. (2000). *Betriebe in Bestform.* Wiesbaden: Universum Verlagsanstalt.
13. Gallup (2001). *Nur 16 Prozent der Arbeitnehmer in Deutschland sind engagiert am Arbeitsplatz.* http://www.gallup.de/Mitarbeiterzufriedenheit.htm [01.12.2001].
14. Bödeker, W., Friedel, H., Röttger, C. & Schröer, A. (2002). Die Kosten arbeitsbedingter Erkrankungen in Deutschland 1998. *Die BKK 2/2002,* S. 45–49.
15. IAS-Impulse (Nr. 1/1999). *Jeder vierte Manager ist gesundheitlich gefährdet.*
16. Bundesverband der Betriebskrankenkassen (2002). Psychische Belastungen im Fokus betrieblicher Gesundheitsförderung. *News – Gesundheitsförderung im Betrieb, 1/02.*
17. Landschaftsverband Rheinland – Hauptfürsorgestelle (1993). *Psychisch Behinderte im betrieblichen Alltag.* Köln: Rheinland-Verlag.
18. Klein, Stefan (2002). *Die Glücksformel oder Wie die guten Gefühle entstehen.* Reinbek bei Hamburg: Rowohlt.
19. psg (Presseservice Gesundheit) – Politik. Mediendienst des AOK-Bundesverbandes (2002). *Psychische Erkrankungen auf dem Vormarsch.* Ausgabe 12/12.
20. Goleman, D. (2002). *Emotionale Führung.* Frankfurt/Main: Campus.
21. Meyer, M. (2001). *Psychosoziale Belastungen am Arbeitsplatz. Einfluss auf das Wohlbefinden und die Gesundheit der Mitarbeiter.* Essen: BKK-Bundesverband.
22. Müller, B. (2001). Kliniken brüten etwas aus. *Mitbestimmung, 4/2001, S. 30–31.*
23. Nieder, P. (2000). Führung und Gesundheit. Die Rolle der Vorgesetzten im Gesundheitsmanagement. In U. Brandenburg, P. Nieder u. B. Susen (Hrsg.), *Gesundheitsmanagement im Unternehmen* (S. 149–14). Weinheim: Juventa.
24. Nembassy (2001). Chefs wünschen sich bessere Motivation. *wirtschaft & weiterbildung, März 2001,* S. 8.
25. Akademie für Führungskräfte (2001). *Beziehungs-Weise – Führung und Unternehmenskultur.* Bad Harzburg: Akademie für Führungskräfte.
26. Kienbaum-Unternehmensberatung (2003). *Worklife-Balance internationaler Top-Manager.*
27. Resch, M. (1994). *Wenn Arbeit krank macht.* Ullstein: Frankfurt/Main.
28. Osterholz, U. & Schott, S. (2001). Das Bonus-Modellvorhaben – auf dem Weg zu einem Gesundheitsmanagement. In B. Badura, M. Litsch & C. Vetter (Hrsg.): *Fehlzeiten-Report 2000.* Berlin: Springer.
29. Panse, W. (1996). *Kostenfaktor Angst.* Landsberg: Moderne Industrie.

30. Schröer, A. (Hrsg.) (1998). *Blickpunkt Krankenstand – Wettbewerbsvorteil Gesundheitsförderung*. Essen: BKK-Bundesverband.
31. Taylor, S. (2002). *The Employee Retention Handbook*. London: CIPD House.
32. Seligman, M. E. P. (1975). *Helplessness: On depression, development, and death*. San Francisco: Freeman.
33. Wenchel, K. (2001): *Psychische Belastungen am Arbeitsplatz*. Berlin: Erich Schmidt Verlag GmbH & Co.
34. Lewinsohn, P. H. (1974). A behavioral approach to depression. In R. J. Friedman & M. M. Katz (Ed.s), *The psychology of depression*. Washington, D. C.: Winston-Wiley.
35. Schlünkes, H. (2002). Verkehrsbetriebe nutzen Erfahrungen der Gesunden beim Umgang mit psychischen Belastungen im Fahrdienst. In: BKK-News – Gesundheitsförderung im Betrieb, 1/2002, S. 5.
36. Hager, A. (2001). Mit dem HÅG-Virus lässt es sich gut leben. *Mitbestimmung 4/2001, S. 24f.*
37. Nefiodow, L. A. (1999). *Der sechste Kondratieff*. St. Augustin: Rhein-Sieg-Verlag.
38. Gesundheit Berlin e.V. (2002). *Info-Dienst 2002, 2:4*.
39. Keller, W. (1998). »top in form« – Das Aktionsprogramm zur Gesundheitsförderung und Leistungsentfaltung in der Siemens AG. In A. Schröer (Hg.): *Blickpunkt Krankenstand – Wettbewerbsvorteil Gesundheitsförderung* (S. 107–122). Essen: BKK-Bundesverband.
40. HVBG (Hauptverband der gewerblichen Berufsgenossenschaften) (2002). *Wohl Fühlen am Arbeitsplatz*. Wiesbaden: Universum Verlagsanstalt.
41. Bonitz, D., Bödeker, W. & Bindzius, F. (1999). Psychisches Befinden und krankheitsbedingte Fehlzeiten. In U. Nickel u. R. Reiter-Mollenhauer (Hg.): *Psychische Belastungen in der* Arbeitswelt (S. 169–179). Essen: BKK-Bundesverband.
42. Asgodom, S. (2001). *Eigenlob stimmt*. Düsseldorf: Econ.
43. Sprenger, R. K. (1991). *Mythos Motivation: Wege aus einer Sackgasse*. Frankfurt/Main: Campus.
44. Holtbernd, T. (2001). Lachen fördert Leistung. Führen mit Humor. *managerSeminare, 47, (3) 2001, S. 34–44.*
45. Crystal, G. & Flanagan, P. (2001). *Lachen – nach wie vor die beste Medizin*. http://www.humor.ch/inernsthaft/gelotoenglink.htm [20.04.2001].
46. Mehrabian, A. (1972). *Nonverbale communication*. Chicago: Aaldine.

47. Prior, M. (2002). *MiniMax-Interventionen. 15 minimale Interventionen mit maximaler Wirkung.* Heidelberg: Carl-Auer-Systeme.
48. Gigout, F.j. (2001). *Führungskraft und Betriebsklima – Ergebnisse von Mitarbeiterbefragungen in KMU.* Vortrag anlässlich der BKK-Tagung »Wettbewerbsvorteil Gesundheit« am 3./4.12.2001.
49. Ulich, E. (2001). *Managementkonzepte, Unternehmenserfolg und Gesundheit.* Vortrag anlässlich der BKK-Tagung »Wettbewerbsvorteil Gesundheit« am 3./4.12.2001.
50. Wissenschaftliches Institut der AOK (WIdO) (2000). *Gesundheit am Arbeitsplatz.* Bonn: WIdO.
51. *wirtschaft & weiterbildung:* Zufriedene Mitarbeiter und Kunden. *September 1999* (S. 10).
52. Ulich, E. (2002). Betriebliche Gesundheitsförderung lohnt sich – Netzwerken und Handeln lautet die Devise. In: *Die BKK, 2/2002* (S. 39–44).
53. BKK-Bundesverband, Europäisches Informationszentrum (2001). *Beispiele guter Praxis betrieblicher Gesundheitsförderung.* Essen.
54. Sprenger, R. (2002). *Vertrauen führt. Worauf es im Unternehmen wirklich ankommt.* Frankfurt/Main: Campus.
55. Geld allein macht nicht glücklich. In *managerSeminare, 42, 2000* (S. 9).
56. Weißgerber, B. (1998). Psychische Belastungen – anwendungsorientierte Arbeitsergebnisse der BAuA. In U. Nickel & R. Reiter-Mollenhauer (Hg.): *Psychische Belastungen in der Arbeitswelt.* Bremerhaven: Wirtschaftsverlag NW.
57. Oppolzer, A. (2000). Ausgewählte Bestimmungsfaktoren des Krankenstandes in der öffentlichen Verwaltung. In B. Badura, M. Litsch u. C. Vetter (Hrsg.): *Fehlzeiten-Report 1999. Psychische Belastung am Arbeitsplatz* (S. 343–362). Berlin: Springer.
58. Kentner, M. (1999). Fehlzeiten sind nicht gleich Fehlzeiten. *Impulse, Nr. 1/1999.*
59. Kastner, M., Kipfmüller, K., Quaas, W., Sonntag, K. & Wieland, R. (2001). *Ergebnisbericht des Projektes gesina »Gesundheit und Arbeitssicherheit in neuen Arbeits- und Organisationsformen der Zukunft«.* Bremerhaven: Wirtschaftsverlag NW.
60. Beck, A. T., Rush, A.j., Shaw, B. F. & Emery, G. (1979). *Cognitive therapy of depression.* New York: Guilford Press.

Zum Schmökern und Vertiefen: Bücher-Tipps

Führungsverhalten:

Jaehrling, D. (2000):
  *Fröhlich führen. Erfolge planen und verwirklichen
  mit dem emotionalen Führungskonzept.*
  Düsseldorf: Metropolitan Verlag.
Johnson, S. (1995):
  Eine Minute für mich.
  Reinbek bei Hamburg: Rowohlt.
Martin, M. & Pörner, G. (1999):
  *Das gesunde Unternehmen. Body-Mind-Management.
  Die neue Stufe der Unternehmensevolution.*
  München: Wirtschaftsverlag Langen Müller/Herbig.
Schauer, R. (1998):
  Mobbing – Kostspielige Kränkungen am Arbeitsplatz.
  Wiesbaden: Universum Verlagsanstalt.
Schulz v. Thun, F. (2000):
  Miteinander reden: Kommunikationspsychologie für Führungskräfte.
  Reinbek bei Hamburg: Rowohlt.
Ziegler, H. & Brandl, G. (2001):
  Suchtprävention als Führungsaufgabe. Wiesbaden:
  Universum Verlagsanstalt.

Selbstakzeptanz und -fürsorge:

Klatt, R. (2001):
   Lange leben mit Genuss.
   Wiesbaden: Universum Verlagsanstalt.
Harris, T. A. (2001):
   Ich bin o.k. Du bist o.k. Wie wir uns selbst besser verstehen und unsere Einstellung zu anderen verändern können. Eine Einführung in die Transaktionsanalyse.
   Reinbek bei Hamburg: Wunderlich.
Rautenberg, W. & Rogoll, R. (1996):
   Werde, der du werden kannst. Persönlichkeitsentfaltung durch Transaktionsanalyse.
   Freiburg i. Br.: Herder.

Stress- und Problembewältigung:

Wagner-Link, A. (1996):
   Sackgasse Stress?
   Stuttgart: Thieme.
Wittchen, H.-U. (1997):
   Wenn Angst krank macht. Störungen erkennen, verstehen und behandeln.
   Hamburg: Mosaik-Verlag.
Nuber, U. (2000):
   Depression – Die verkannte Krankheit. Wissen, behandeln, mit der Krankheit leben.
   Zürich: Kreuz-Verlag.
Lazarus, A. A. & Lazarus, C. N. (2001):
   Der kleine Taschentherapeut.
   Stuttgart: Klett-Cotta.